浙江省普通高校"十三五"新形态教材

跨境电子商务基础与实战

主编 章雁峰 杨 芬

北京理工大学出版社
BEIJING INSTITUTE OF TECHNOLOGY PRESS

版权专有　侵权必究

图书在版编目（CIP）数据

跨境电子商务基础与实战 / 章雁峰, 杨芬主编. --北京：北京理工大学出版社, 2024.3（2024.4重印）
ISBN 978-7-5763-3746-4

Ⅰ. ①跨… Ⅱ. ①章… ②杨… Ⅲ. ①电子商务-基本知识 Ⅳ. ①F713.365.1

中国国家版本馆 CIP 数据核字（2024）第 066071 号

责任编辑：李　薇　　**文案编辑**：胡　莹
责任校对：刘亚男　　**责任印制**：施胜娟

出版发行	/ 北京理工大学出版社有限责任公司
社　　址	/ 北京市丰台区四合庄路 6 号
邮　　编	/ 100070
电　　话	/ （010）68914026（教材售后服务热线） （010）68944437（课件资源服务热线）
网　　址	/ http：//www.bitpress.com.cn
版 印 次	/ 2024 年 4 月第 1 版第 2 次印刷
印　　刷	/ 三河市天利华印刷装订有限公司
开　　本	/ 787 mm×1092 mm　1/16
印　　张	/ 11
字　　数	/ 258 千字
定　　价	/ 36.00 元

图书出现印装质量问题，请拨打售后服务热线，负责调换

前　　言

党的二十大提出"要坚持和加强党对经济工作的全面领导，坚持和完善社会主义基本经济制度，坚持质量第一、效益优先，加快建设制造强国，加快数字经济发展"。这为我们培养电子商务人才提出了新要求。《跨境电子商务基础与实战》一书立足我国经济发展新阶段，着眼国家战略，密切跟踪行业发展动态，以提高学生的跨境电子商务素养为目标，内容涵盖跨境电子商务模式、跨境电子商务平台运营、跨境电子商务风险管理、跨境电子商务物流配送等关键环节。通过案例教学，使学生掌握电子商务运行规律，提高电子商务实际操作能力。希望通过我们的共同努力，培养构建新发展格局所需要的高素质电子商务人才。

本书立足培养学生跨境电子商务实际操作能力的需求，围绕跨境电子商务的全链路运营过程，设置了"开店准备""入驻开店""选品与定价""产品发布""营销推广""结算与支付""通关与物流""客户服务"八个项目。通过案例驱动的任务式教学，使学生由浅入深掌握跨境电子商务的运营规律。

在"开店准备"项目，学生需要学习分析跨境贸易数据，调研相关政策，开展跨境市场调查，明确企业转型定位。"入驻开店"项目让学生亲自动手在跨境电子商务平台开店。"选品与定价"项目培养学生选品和定价能力。"产品发布"项目训练学生发布和优化跨境商品。"营销推广"项目通过具体案例展示跨境推广技巧。"结算与支付"项目讲解跨境支付占领国际市场的策略。"通关与物流"项目介绍跨境电子商务如何实现快速通关和精准配送。"客户服务"项目提升学生的跨境客户服务水平。最后用综合实训来检验学生的跨境电子商务综合实操能力。

本书贴近跨境电子商务实际，案例与实训贯穿始终，旨在激发学生的学习兴趣，帮助学生真正掌握跨境电子商务的运营能力。希望本书可以成为广大教师和学生的优质教学资源。

本书具有的特点如下：

一、注重校企合作，强化职业教育与产业对接

本书充分利用校企合作资源，融入阿里巴巴等知名企业真实跨境电子商务案例，邀请跨境电子商务企业专家辅导、指导课程建设，通过职业教育与产业深度融合，培养学生扎实的职业能力。

二、立足大赛需求，加强技能训练竞争力

本书针对国家级、省级跨境电子商务大赛组织主题和内容设置，以大赛需求为导向，设置实操性强的任务和训练，使学生在系统学习的同时提高参赛技能。

三、深入贯彻思政要求，培育跨境电子商务新人才

本书遵循课程思政理念，通过案例分析、讨论交流等方式引导学生树立正确的价值观，践行社会主义核心价值观，学习相关政策法规，培育德、智、体、美、劳全面发展的社会主义建设者和接班人。

四、紧密对接职业技能证书，推进课程证书双证融合

本书吸收 1+X 职业技能等级证书的核心内容，设置与相应职业技能要求对接的知识点和训练任务，帮助学生顺利实现课程学习和技能考证"双证"融合，提高就业竞争力。

五、突出实践教学环节，强化跨境电子商务实操能力

本书针对跨境电子商务实际岗位需求，设置具有代表性、前沿性的实训项目，以实践教学贯穿课程始终，让学生在模拟实际工作环境中学习，厚植跨境电子商务实际运营能力。

六、基于"互联网+"的新形态教材建设与互动应用

本书是浙江省高校"十三五"第二批新形态教材建设项目的成果之一，在编写过程中吸收了跨境电子商务行业最新发展的知识和要求。本书配套开发了丰富的多形态教学资源，包括文本、图片、视频等，并在书中设置了相应的二维码，以满足教学设计和教学实施的需要。

本书由浙江育英职业技术学院的章雁峰、杨芬担任主编，并负责总体策划和最后审定，欧阳驹担任副主编，具体编写分工为：章雁峰（任务 2、4、5、11、13、15），杨芬（任务 1、3、6、7、9），欧阳驹（8、10），黄冬梅（任务 12），罗文婷、姜雯（任务 14），舒俊凯（任务 16）。在课程和教材建设过程中，兄弟院校给予帮助的同时，杭州麦苗网络技术有限公司和杭州千格源科技有限公司也给予了大力支持，在此表示衷心感谢。

本书预计设置每周 4 课时，总学时约 64 课时。建议授课教师根据学生情况，有选择地讲授内容，充分利用教材中的数字化教学资源，开展翻转课堂和线上线下混合教学。

由于编写时间有限，本书可能存在疏漏及不妥之处，恳请专家学者和读者提出修改意见，我们将认真总结，以使本书更加完善。

编　者

目　　录

项目一　开店准备 ··· 001

　　任务1　跨境贸易数据解读 ··· 003
　　任务2　跨境贸易政策调查 ··· 009
　　任务3　跨境市场调查 ··· 020
　　任务4　企业转型定位 ··· 026

项目二　入驻开店 ··· 034

　　任务5　入驻平台开店 ··· 036

项目三　选品与定价 ·· 047

　　任务6　跨境商品分类分析 ··· 049
　　任务7　跨境商品质量分析 ··· 061
　　任务8　跨境商品包装分析 ··· 068
　　任务9　跨境商品货源选择 ··· 074
　　任务10　跨境商品定价分析 ··· 082

项目四　产品发布 ··· 090

　　任务11　跨境产品发布与优化 ·· 092

项目五　营销推广 ··· 099

　　任务12　跨境电子商务营销推广 ··· 101

项目六　结算与支付 ·· 114

　　任务13　跨境电子商务支付结算 ··· 116

项目七　通关与物流 ·· 125

　　任务14　跨境电子商务通关操作 ··· 127

任务 15　跨境电子商务物流管理 …………………………………………………… 138

项目八　客户服务 ……………………………………………………………………… 152

任务 16　跨境电子商务客户服务 …………………………………………………… 154

参考文献 …………………………………………………………………………………… 168

项目一
开店准备

知识目标

1. 了解跨境贸易的产生与发展
2. 了解跨境贸易的含义与分类
3. 理解跨境贸易的基本政策
4. 掌握跨境贸易的特点
5. 掌握跨境贸易常见统计数据

技能目标

1. 理解跨境贸易的内涵
2. 分析跨境贸易统计数据
3. 分析跨境贸易市场现状
4. 能实现企业转型升级

素质目标

1. 培养学生收集信息、处理信息的能力
2. 培养学生敏锐的观察力
3. 培养学生独立思考的能力

大赛直通车

"境"界"伦"商

思政案例

"坚果投影"的国际化之路：跨境电子商务中的数据驱动策略与市场洞察

"坚果投影"的跨境贸易故事是企业国际化和跨境电子商务中数据解读的杰出案例。2023年，"坚果投影"凭借其技术创新的旗舰产品"N1 Ultra三色激光智能云台4K投影仪"，勇敢地踏入了竞争激烈的国际市场。该产品的海外推广采用了众筹模式策略，这一策略不仅是资金筹集的手段，更是一种市场测试和品牌推广的策略。在短短45天内，该产品吸引了1706位国际支持者，筹集资金超过220万美金，这一显著的数据成绩展示了"坚果投影"产品的市场吸引力和品牌的国际竞争力。

"坚果投影"的成功不仅在于其产品的技术创新，更在于其对全球市场趋势的敏锐洞察力和对消费者需求的深刻理解力。公司通过精准的市场定位，结合线上数字营销和线下产品体验的全渠道策略，与朗翰科技合作，有效地提升了品牌在全球市场的知名度和影响力。这一策略的成功实施，不仅体现了"坚果投影"在全球化中的创新能力，也展示了其在跨境电子商务中进行有效的数据解读和市场策略调整的重要性。

此外，"坚果投影"的案例还强调了企业在国际化进程中，需要不断提升自身的核心竞争力，积极适应和拥抱全球化的趋势。通过深入分析和应用跨境贸易数据，企业可以更好地理解国际市场的动态，制定更有效的市场进入和扩张策略，从而实现品牌的国际化发展。"坚果投影"的故事不仅是商业成功的典范，也是企业"走出去"战略的生动体现，为其他寻求国际化道路的企业提供了宝贵的经验和启示。

任务 1　跨境贸易数据解读

第 1 部分　情景导入

浙江诸暨霖德袜业有限公司成立于 2012 年，目前涉及的出口品类有袜、针纺织品、服装、鞋帽等，多年来通过中国进出口商品交易会（The China Import and Export Fair，简称广交会）等途径出口产品。然而传统外贸市场的不断缩小，其利润与空间不断被压缩，瓶颈日益凸现。近期公司计划开展跨境电子商务贸易，决定由外贸业务员章晓智负责组建公司的跨境电子商务部。可是，章晓智对跨境电子商务不太了解，于是他决定从跨境电子商务的基本理论知识开始，为组建跨境电子商务部做好准备。

第 2 部分　任务发布

一、实训目的
1. 认识跨境贸易
2. 了解跨境贸易现状

二、实训组织
在教师的指导下，以小组为单位，围绕跨境贸易现状的主题，查阅资料，进行整理和分析，提交任务单。

三、实训内容
1. 调查跨境贸易现状
2. 分析跨境贸易发展趋势

第 3 部分　学习引导

一、跨境电子商务

（一）含义

跨境电子商务是指分属于不同关境的交易主体，通过电子商务手段将传统进出口贸易中的展示、洽谈和成交环节电子化，并通过跨境物流及异地仓储送达商品、完成交易的一种国际商业活动。

视频 1：什么是跨境电子商务

（二）分类

1. 以交易主体进行分类

跨境电子商务的交易主体为企业商户（Business）和个人消费者（Customer），按交易主体进行分类，可分为企业对企业（B2B）、企业对个人（B2C）和个人对个人（C2C）3 种类型，其中后 2 种属于零售跨境电子商务。

2. 按服务类型进行分类

跨境电子商务按服务类型进行分类，可分为信息服务平台、在线交易平台、综合服务平台。

（1）信息服务平台

信息服务平台主要是通过为供应商及采购者提供信息服务让双方能够完成交易的平台，代表平台有阿里巴巴国际站、环球资源网等。信息服务模式是B2B跨境电子商务的主流模式。

（2）在线交易平台

在线交易平台通过产品、服务等多方面的信息展示，让消费者在平台上即可完成搜索、咨询、下单、支付结算、确认收货、评价等各个购物环节，代表平台有亚马逊、eBay、速卖通等。在线交易模式是零售跨境电子商务的主流模式。

（3）综合服务平台

综合服务平台主要是为企业提供境外商标注册代理、通关、物流、海外仓、结算、退税、保险、融资等一系列的服务，帮助企业高效便捷地完成商品进口或出口的流通环节，代表平台有阿里巴巴一达通、派安盈、递四方等。

3. 按平台运营方式进行分类

跨境电子商务按平台运营方式进行分类，可分为自营型平台、第三方开放平台。

（1）自营型平台

自营型平台是平台整合资源，寻找货源、采购商品，并且通过自己的平台售卖商品，赚取商品差价的平台，代表平台有兰亭集势、米兰网等。

（2）第三方开放平台

第三方开放平台是在线上搭建商城，通过对物流、支付等资源进行整合，吸引商家入驻平台，为商家提供跨境电子商务交易服务的平台，代表平台有亚马逊、eBay、Wish、速卖通等。

4. 按进出口方向进行分类

跨境电子商务按进出口方向进行分类，可分为出口跨境电子商务、进口跨境电子商务。

（1）出口跨境电子商务

出口跨境电子商务又称出境电子商务，是指境内生产或加工的商品通过电子商务平台达成交易，并通过跨境物流输往境外市场销售的一种国际商业活动。

（2）进口跨境电子商务

进口跨境电子商务又称入境电子商务，是指将境外的商品通过电子商务平台达成交易，并通过跨境物流输入境内市场销售的一种国际商业活动。

我国进口跨境电子商务起源于早期的海外个人代购和海淘。2014年以后，伴随着我国进口利好政策的出台、资本的介入及我国居民日益增长的消费需求，进口跨境电子商务进入发展的快车道，各类主体涌现。进口跨境电子商务企业主要面对我国终端消费者，有B2C和C2C两种模式。从进口跨境电子商务的交付模式上看，主要分为保税备货模式和海外直邮模式。

保税备货模式，就是指跨境电子商务企业通过集中海外采购，统一将商品由海外发至国内保税仓库，消费者网上下单后由物流公司将商品直接从保税仓库配送至消费者。

根据是否集货，海外直邮模式分为小包裹直邮模式和集货模式。小包裹直邮模式是指跨境电子商务企业直接从海外供应链处采购商品发货，通过国际物流到达国内海关，最后到达消费者手中。集货模式则是跨境电子商务企业通过海外仓集中订单进行采购，再通过国际物流达到国内清关。

（三）特点

与传统国际贸易模式相比，跨境电子商务受到地理范围的限制较少，受各国（地）贸易保护措施影响较少，交易环节涉及中间商少，因而跨境电子商务有着价格低廉、利润率高的特点。但是，跨境电子商务也存在明显的劣势，例如，跨境电子商务在通关、结汇和退税环节存在障碍，其贸易争端处理机制也不尽完善。对传统国际贸易与跨境电子商务进行比较，两者的差异和优劣势如表1-1所示。

表1-1 传统国际贸易与跨境电子商务的差异和优劣势

项目	传统国际贸易	跨境电子商务
交易主体交流方式	面对面，直接接触	通过互联网平台，间接接触
运作模式	基于商务合同运作	借助互联网电子商务平台运作
订单类型	批量大、批次少、订单集中、周期长	批量少、批次多、订单分散、周期短
利润率	利润率相对低	利润率相对高
产品类目	产品类目少，更新速度慢	产品类目多，更新速度快
规模、增速	市场规模大但受地域限制，增长速度相对缓慢	面向全球市场，规模大，增长速度快
交易环节	涉及中间商多，交易环节复杂	涉及中间商少，交易环节简单
通关时间	线下报关，通关慢	电子报关，通关快速、便捷
支付	正常贸易支付	借助第三方支付工具支付
物流	以集装箱海运、空运为主，物流因素对交易主体影响不明显	多以商业快递发货，物流因素对交易主体影响明显
争端处理	健全的争端处理机制	争端处理不畅、效率低

二、跨境贸易统计指标

跨境贸易统计指标包括：对外贸易、对外贸易额、对外贸易地理方向、对外贸易商品结构及对外贸易依存度。

1. 对外贸易（Foreign Trade）

对外贸易又称进出口贸易，是指国际贸易活动中的一国（或地区）同其他国家（或地区）所进行的产品、劳务等的交换活动。对某些海岛国家，如日本、英国、新西兰等，对外贸易又称为海外贸易（Oversea Trade）。

2. 对外贸易额（Value of Foreign Trade）

对外贸易额又称对外贸易值、进出口总值，是以货币表示的一国一定时期内的进出口的规模，是衡量一国对外贸易状况的重要指标。它由一国一定时期内从国外进口的商品总额和该国同一时期内向国外出口的商品总额构成。在计算时，出口额常以 FOB 价格计算，进口额则常以 CIF 价格计算。例如：2022 年，以人民币计价，我国货物贸易进出口总额 42.07 万亿元，较 2021 年同比增长 7.7%。其中，出口总额 23.97 万亿元，增长 10.5%；进口总额 18.1 万亿元，增长 4.3%。

一国在一定时期内商品出口总额与进口总额相比较的差额，称为对外贸易差额（Balance of Trade）。对外贸易差额有三种情况：当出口总额超过进口总额，差额部分称为"贸易顺差"或"贸易出超"；当进口总额超过出口总额，差额部分称为"贸易逆差"或"贸易入超"；当进出口总额相等时，则称为"贸易平衡"。

3. 对外贸易地理方向（Direction of Foreign Trade）

对外贸易地理方向又称为对外贸易地区分布或对外贸易国别结构，是指一定时期内世界各国、各地区、各集团在一国对外贸易中所占地位，通常以它们对该国的进出口总额占该国进出口总额的比重来表示。2022 年，我国对主要国家和地区货物进出口总额排名前三的依次为东盟、欧盟和美国，分别为 6.52 万亿元、5.65 万亿元和 5.05 万亿元，较 2021 年分别增长 15%、5.6% 和 3.7%。同期，我国与"一带一路"沿线国家进出口总额合计 13.83 万亿元，较 2021 年增长 19.4%；我国与 RCEP 其他 14 个成员国进出口总额合计 12.95 万亿元，较 2021 年增长 7.5%。

4. 对外贸易商品结构（Composition of Foreign Trade）

对外贸易商品结构是指一定时期内各大类商品或各种商品在一国对外贸易中所占比重或地位。例如，2022 年，我国出口机电产品 20.66 万亿元，较 2021 年增长 2.5%，占出口总值的 49.1%。其中，太阳能电池、锂电池、汽车分别增长 67.8%、86.7%、82.2%。

5. 对外贸易依存度（Ratio of Dependence on Foreign Trade）

对外贸易依存度也称对外贸易系数，是指一国国民经济对对外贸易的依存程度，是以本国对外贸易额（进出口总额）在本国国民生产总值（GNP）或国内生产总值（GDP）中所占的比重来表示的。当一国从封闭经济走向开放经济时，对外贸依存度就会提高。一般说来，对外贸易依存度越高，意味着参与国际竞争和国际分工的能力越强，反之亦然。

对外贸易依存度的计算公式为：

$$对外贸易依存度 = \frac{进出口总额}{GNP \text{ 或 } GDP} \times 100\%$$

第4部分　任务训练

解读跨境贸易数据		
实训地点：校内实训室		建议学时：4
小组成员：		
实训成果： （一）调查跨境贸易现状 1. 对外贸易额 2. 贸易差额 3. 对外贸易地理方向 4. 对外贸易商品结构 5. 对外贸易依存度		

续表

（二）分析跨境贸易发展趋势

评分标准

评价指标	评价内容	分值	学生自评	小组互评	教师评价
职业素养	分工合理，相互协助	15			
	遵守行业规范，严谨认真	10			
	按时按质按量完成任务单	15			
专业能力	任务结果时效性强，数据准确	20			
	能采用信息化手段收集资料	15			
	创新性思维和能力	15			
	自学与发展能力	10			
合计		100			

指导教师： 日期：

课证融通·在线自测

任务 2　跨境贸易政策调查

第 1 部分　情景导入

俗话说："好的开始是成功的一半！"浙江诸暨霖德袜业有限公司跨境电子商务部主管章晓智通过前期跨境贸易数据分析,认为跨境电子商务的市场发展前景非常好。公司如果想开展跨境电子商务的业务活动,需要做好充分有序的准备工作,首先要充分了解国家相关跨境贸易政策及目标市场国家的相关贸易政策等。

第 2 部分　任务发布

一、实训目的
1. 认识跨境贸易相关法律和政策
2. 初步了解跨境贸易法律法规
3. 掌握跨境贸易关税措施和非关税措施

二、实训组织
在教师的指导下,以小组为单位,围绕跨境贸易政策的主题,查阅资料,进行整理和分析,提交任务单。

三、实训内容
1. 进口关税核算
2. 反倾销案例调查分析
3. 跨境电子商务知识产权侵权案例

第 3 部分　学习引导

一、贸易法律

（一）对外贸易法

1994 年 7 月 1 日生效的《对外贸易法》是我国第一部全面系统的外贸法律,规定了我国对外贸易的基本制度和基本原则,是我国管理对外贸易的基本法。

1. 适用范围

我国《对外贸易法》适用于对外贸易以及与对外贸易有关的知识产权保护、调整货物进出口管理关系、技术进出口管理关系以及国际服务贸易管理关系,但不适用于中国香港、中国澳门、中国台湾等单独关税区。

2. 对外贸易经营权

我国《对外贸易法》第 8 条规定,对外贸易经营者,是指依法办理工商登记或者其他执业手续,依照本法和其他有关法律、行政法规的规定从事对外贸易经营活动的法人、其他组织或者个人。第9条规定，从事货物进出口或者技术进出口的对外贸易经营者，应当向国务院对外贸易主管部门或者其委托的机构办理备案登记；但是，法律、行政法规和国务院对外贸易主管部门规定不需要备案登记的除外。

3. 与对外贸易有关的知识产权

我国《对外贸易法》第29条规定，国家依照有关知识产权的法律、行政法规，保护与对外贸易有关的知识产权。进口货物侵犯知识产权，并危害对外贸易秩序的，国务院对外贸易主管部门可以采取在一定期限内禁止侵权人生产、销售有关货物进口等措施。第31条规定，其他国家或者地区在知识产权保护方面未给予中华人民共和国的法人、其他组织或者个人国民待遇，或者不能对来源于中华人民共和国的货物、技术或者服务提供充分有效的知识产权保护的，国务院对外贸易主管部门可以依照本法和其他有关法律、行政法规的规定，并根据中华人民共和国缔结或者参加的国际条约、协定，对与该国家或者该地区的贸易采取必要的措施。

4. 对外贸易秩序

我国《对外贸易法》第33条规定，在对外贸易经营活动中，不得实施以不正当的低价销售商品、串通投标、发布虚假广告、进行商业贿赂等不正当竞争行为。在对外贸易经营活动中实施不正当竞争行为的，依照有关反不正当竞争的法律、行政法规的规定处理。

（二）知识产权法

知识产权是基于智力创造成果和工商业标记依法产生的权利的统称。知识产权属于民事财产权利，知识产权法属于财产法。

1. 知识产权的基本类型

知识产权的基本类型：著作权、工业产权。

（1）著作权

著作权也称版权，是指基于文学艺术和科学作品依法产生的权利。狭义的著作权是指各类作品的作者依法享有的权利，包括人身方面和财产方面；广义上的著作权除了狭义的著作权以外，还包括艺术表演者、录音录像制品制作者和广播电视节目制作者依法享有的权利。

视频2：跨境知识产权

（2）工业产权

工业产权是指人们依法对应用于商品生产和流通中的创造发明和显著标记等智力成果，在一定地区和期限内享有的专有权，是国际通用的法律术语，是发明专利、实用新型、外观设计、商标的所有权的统称。

①专利权

专利权是指国家专利行政机关依照法律规定的条件和程序，授予申请人在一定期限内对某项发明创造享有的独占权。

我国发明专利权的期限为20年，实用新型专利权和外观设计专利权的期限为10年，均自申请日起计算。

②商标权

商标是指商品的生产者、经营者或者服务的提供者为了标明自己、区别他人在自己的商品或者服务上使用的可视性标志，即由文字、图形、字母、数字、三维标志、颜色组合和声音,以及上述要素的组合所构成的标志。

注册商标的有效期为10年,自核准注册之日起计算。

2.《与贸易有关的知识产权协定》(Agreement on Trade-Related Aspects of Intellectual Property Rights,TRIPS)

《与贸易有关的知识产权协定》作为关贸总协定乌拉圭回合谈判的最后文件之一,于1994年4月15日由关贸总协定各成员签订。我国是WTO成员国之一,该组织的条约规定对我国已经产生法律约束力。

TRIPS规定,知识产权的保护范围包括:版权和相关权利、商标、地理标识、工业设计、专利、集成电路布图设计(拓扑图)、对未披露信息的保护、对协议许可中反竞争行为的控制等。

3. 知识产权海关保护

(1)知识产权海关保护的概念

知识产权海关保护是指海关依法禁止侵犯知识产权的货物进出口的措施。我国2010年3月修订的《知识产权海关保护条例》(以下简称《条例》)第2条规定,我国海关保护的知识产权应当是与进出口货物有关并受中华人民共和国法律、行政法规保护的商标专用权、著作权和与著作权有关的权利、专利权。此外,根据《奥林匹克标志保护条例》和《世界博览会标志保护条例》的规定,我国海关也应当对奥林匹克标志和世界博览会标志实施保护。

(2)海关知识产权保护的模式

海关知识产权保护的模式有:依申请保护、依职权保护。

①依申请保护

依申请保护,是指知识产权权利人发现侵权嫌疑货物即将进出口时,根据《知识产权海关保护条例》第12、13和14条的规定,向海关提出采取保护措施的申请,由海关对侵权嫌疑货物实施扣留的措施。由于海关对依申请扣留的侵权嫌疑货物不进行调查,知识产权权利人需要就有关侵权纠纷向人民法院起诉,所以依申请保护也被称作海关对知识产权的"被动保护"模式。

②依职权保护

依职权保护,是指海关在监管过程中发现进出口货物有侵犯在海关总署备案的知识产权的嫌疑时,根据《知识产权海关保护条例》第16条的规定,主动中止货物的通关程序并通知有关知识产权权利人,并根据知识产权权利人的申请对侵权嫌疑货物实施扣留的措施。由于海关依职权扣留侵权嫌疑货物属于主动采取制止侵权货物进出口行为,而且海关还有权对货物的侵权状况进行调查和对有关当事人进行处罚,所以依职权保护也被称作海关对知识产权的"主动保护"模式。

(三)跨境电子商务相关法律

为做好跨境电子商务零售进出口商品监管工作,促进跨境电子商务健康有序发展,根据《中华人民共和国海关法》《中华人民共和国进出境动植物检疫法》《中华人民共和国进出口商品检验法》《中华人民共和国电子商务法》等法律法规和《商务部、发展改革委、财政部、海关总署、税务总局、市场监管总局关于完善跨境电子商务零售进口监管有关工作的通知》（商财发〔2018〕486 号）等国家有关跨境电子商务零售进出口相关政策规定，海关总署发布 2018 年第 194 号（关于跨境电子商务零售进出口商品有关监管事宜的公告）（以下简称《公告》）。有关企业管理、通关管理、场所管理和退货管理的规定如下。

1. 企业管理

《公告》第 2 条规定，跨境电子商务平台企业、物流企业、支付企业等参与跨境电子商务零售进口业务的企业，应当依据海关报关单位注册登记管理相关规定，向所在地海关办理注册登记；境外跨境电子商务企业应委托境内代理人（以下简称跨境电子商务企业境内代理人）向该代理人所在地海关办理注册登记。

跨境电子商务企业、物流企业等参与跨境电子商务零售出口业务的企业，应当向所在地海关办理信息登记；如需办理报关业务，应向所在地海关办理注册登记。

物流企业应获得国家邮政管理部门颁发的《快递业务经营许可证》。直购进口模式下，物流企业应为邮政企业或者已向海关办理代理报关登记手续的进出境快件运营人。

支付企业为银行机构的，应具备银保监会或者原银监会颁发的《金融许可证》；支付企业为非银行支付机构的，应具备中国人民银行颁发的《支付业务许可证》，支付业务范围应当包括"互联网支付"。

2. 通关管理

《公告》第 7 条规定，跨境电子商务零售出口商品申报前，跨境电子商务企业或其代理人、物流企业应当分别通过国际贸易"单一窗口"或跨境电子商务通关服务平台向海关传输交易、收款、物流等电子信息，并对数据真实性承担相应法律责任。

《公告》第 8 条规定，跨境电子商务零售商品进口时，跨境电子商务企业境内代理人或其委托的报关企业应提交《中华人民共和国海关跨境电子商务零售进出口商品申报清单》（以下简称《申报清单》），采取"清单核放"方式办理报关手续。

3. 场所管理

《公告》第 17 条规定，跨境电子商务零售进出口商品监管作业场所必须符合海关相关规定。跨境电子商务监管作业场所经营人、仓储企业应当建立符合海关监管要求的计算机管理系统，并按照海关要求交换电子数据。其中开展跨境电子商务直购进口或一般出口业务的监管作业场所应按照快递类或者邮递类海关监管作业场所规范设置。

4. 退货管理

《公告》第 24 条规定，在跨境电子商务零售进口模式下，允许跨境电子商务企业境内代理人或其委托的报关企业申请退货，退回的商品应当符合二次销售要求并在海关放行之日起 30 日内以原状运抵原监管作业场所，相应税款不予征收，并调整个人年度交易累计金额。

在跨境电子商务零售出口模式下，退回的商品按照有关规定办理有关手续。

二、贸易政策

（一）国际贸易政策概述

1. 国际贸易政策的内涵

国际贸易政策是指世界各国和地区对外进行商品、服务和技术交换活动时所采取的政策。从某一具体国家和地区的角度出发，其所采取或制订的有关国际贸易的政策就是对外贸易政策。

2. 对外贸易政策的构成

（1）对外贸易总政策

对外贸易总政策包括对外贸易战略、出口总政策和进口总政策。这是根据本国国民经济的总体情况，本国在世界舞台上所处的经济和政治地位，本国的经济发展战略和本国产品在世界市场上的竞争能力以及本国的资源、产业结构等情况确定的在一个较长时期内实行的对外贸易基本政策。

（2）进出口商品和服务政策

在对外贸易总政策的基础上，根据不同产业的发展需要、不同商品在国内外的需求和供应情况以及在世界市场上的竞争能力，分别制订的适用于不同产业或不同类别商品的对外贸易政策。

（3）国别或地区贸易政策

根据对外贸易总政策及世界经济政治形势、本国与不同国家（或地区）的经济政治关系，分别制订的适应特定国家（或地区）的对外贸易政策。

（二）关税与非关税措施

1. 关税

（1）含义

关税是指进出口商品在经过一国关境时，由政府设置的海关向进出口商所征收的税收，具有强制性、无偿性和预定性特点。

（2）特点

a. 关税是一种间接税。

b. 关税的税收主体和客体分别是进出口商和进出口货物。

c. 关税可以起到调节一国进出口贸易的作用。

d. 关税是一国对外贸易政策的重要手段。

（3）分类

①按照征收对象或商品流向分为进口税、出口税和过境税

进口税是进口国的海关在外国商品输入时，根据海关税则对本国进口商所征收的关税。主要分为最惠国税、普通税和优惠关税。

出口税是出口商的海关对本国产品输往国外时，对出口商征收的关税，目的是限制本国紧缺资源和战略性尖端科技产品的出口。

过境税是一国对于通过其关境的外国货物所征收的关税。

②按照征税的目的分为财政关税和保护关税

财政关税又称收入关税，是指以增加国家财政收入为目的而征收的关税。

保护关税指以保护本国工业或农业发展的目的而征收的关税。可分为工业保护关税和农业保税关税。

③按照差别待遇和特定的实施情况分为进口附加税、差价税、特惠税和普遍优惠制

进口附加税是指对进口商品征收一般关税以外再加征的额外关税，主要有反倾销税和反

补贴税。

差价税又称差额税，当某种本国出口商品的国内价格高于同类的进口商品价格时，为了削弱进口商品的竞争能力，按国内价格与进口价格之间的差额对进出口商品征收的关税。

特惠税是指对从特定国家或地区进口的全部商品或部分商品，给予特定优惠的低关税或零关税待遇，其税率低于最惠国税率。

普遍优惠制（GSP）简称普惠制，指发达国家承诺对发展中国家或地区输入商品特别是制成品和半制成品时，给予普遍的、非歧视的和非互惠的关税制度，相应的关税即普遍优惠税。

④按照关税征收的一般方法和征税标准分为从量税、从价税、复合税和选择税

从量税是以商品的重量、数量、容量、长度和面积等计量单位为标准计征的。计算公式：

$$从量税额 = 商品数量 \times 每单位从量税$$

从价税是以进口商品的价格为标准计征的一定比率的关税。计算公式：

$$从价税额 = 商品总值 \times 从价税率$$

复合税又称混合税，是对某种进口商品采用从量税和从价税同时征收的一种办法。计算公式：

$$混合税额 = 从量税额 + 从价税额$$

选择税是对一种进口商品同时采用从价税和从量税两种税率，在征收时选择税额较高的一种征税。

2. 非关税措施

（1）含义

非关税措施也称非关税壁垒（Non-tariff Barrier），指一国政府采取除关税以外的各种办法，对本国的对外贸易活动进行调节、管理和控制的一切政策与手段的总和，其目的是试图在一定程度上限制进口，以保护国内市场和国内产业的发展。

（2）特点

与关税措施相比，非关税措施的特点如下。

a. 非关税措施具有较大的灵活性和针对性。关税税率的制定往往需要一个立法程序，一旦以法律的形式确定下来，便具有相对的稳定性，且受到最惠国待遇条款的约束，进口国往往难以做到有针对性的调整。非关税措施的制定和实施，则通常采用行政手段，进口国可根据不同的国家做出调整，因而具有较强的灵活性和针对性。

b. 非关税措施更易达到限制进口的目的。关税措施是通过征收高额关税，提高进口商品的成本来削弱其竞争力。若出口国政府对出口商品予以出口补贴或采取倾销的措施销售，则关税措施难以达到预期效果。非关税措施则能更直接地限制进口。

c. 非关税措施更具有隐蔽性和歧视性。一国的关税一旦确定下来之后，往往以法律法规的形式公布于世，进口国只能依法行事。而非关税措施往往不公开，或者规定为烦琐复杂的标准或程序，且经常变化，使出口商难以适应。而且，有些非关税措施就是针对某些国家的某些产品设置的。

（3）种类

①进口配额制（Import Quotas）

进口配额制就是一国政府在一定时期以内，对于某些商品的进口数量或金额加以直接限

制，在规定时间内，超过配额的商品不许进口，或者需被征收较高的关税或罚款才能进口。

例如，我国商务部、海关总署公告《2023 年第 5 号：2023 年新西兰羊毛和毛条》《澳大利亚羊毛进口国别关税配额管理实施细则》中提到，国别关税配额总量分别为：新西兰羊毛 36 936 吨、新西兰毛条 665 吨、澳大利亚羊毛 42 213 吨。

②"自动"出口配额制（Voluntary Restriction of Export）

"自动"出口配额制，是出口国家或地区在进口国的要求或压力下，"自动"规定某一时期内某些商品对该国的出口限制，在限定的配额内自行控制出口，超过配额即禁止出口。例如，日本曾一度在美国的压力下，限制其汽车对美国出口，按每年允许出口的汽车数量（配额）自行限制出口。

③进口许可证制

进口许可证制是指对于商品的进口，事先要由进口商向国家有关机构提出申请，经过审查批准并下发进口许可证后，方能进口，没有许可证，一律不准进口。

2022 年 12 月，我国商务部、海关总署关于公布《进口许可证管理货物目录（2023年）》中提到，我国对船舶的进口实施的是进口配额管理，进口商必须申请并取得与配额相关的进口许可证才能进口。

④进口押金制

进口押金制又称进口存款制。它要求进口商在进口商品时，必须预先按进口金额的一定比率和规定的时间，在指定的银行无息存放一笔现金。这样就增加了进口商品的资金负担，从而起到限制进口的作用。

⑤外汇管制

外汇管制是指国家根据法令，对外汇买卖所实行的限制性措施。

对外贸易与外汇有着密切的关系，出口可收进外汇，进口要付出外汇，因而外汇管制必然直接影响到进出口贸易。进口外汇管制是限制进口的一种手段。

⑥最低限价制

最低限价是指进口国对某一商品规定最低价格，进口价格如低于这一价格就征收附加税。例如，规定钢材每吨最低限价为 320 美元，若进口时每吨价格为 300 美元，则进口国要征收 20 美元的附加税，以抵消出口国可能的补贴或倾销。

⑦海关估价制

海关为征收关税确定进口商品价格的制度称为海关估价制。有些国家的海关根据某些特殊规定，提高进口商品的海关估价，从而增加进口商品的关税负担，以达到限制进口的目的。

⑧苛刻的标准和规定

一些国家为了限制进口，规定复杂、苛刻的工业产品技术标准、卫生检疫规定以及商品包装和标签规定，这些标准和规定往往以维护消费者安全和健康的理由来制定。但有些规定十分复杂，经常变化，使得外国产品难以适应，从而起到限制进口的目的。例如，我国出口的某些农产品存在农药残留量超标的问题，部分出口纺织品也存在有害物质超标的现象，而且一些国家还在提高这些含量的检验标准。这些将是我国在今后很长一段时间内面临的主要的非关税壁垒。

（三）鼓励出口措施

从国家宏观经济政策方面论述鼓励出口的措施，主要有以下几种。

a. 出口信贷是一个国家为了鼓励商品出口，增强商品的竞争能力，通过银行对本国出口厂商或国外进口厂商提供的贷款。出口信贷按时间长短可分为短期信贷、中期信贷和长期信贷；按借贷关系可分为买方借贷和卖方借贷。

b. 出口信贷国家担保制是国家为了扩大出口，对于本国出口厂商或商业银行向外国进口厂商或银行提供的信贷，由国家设立专门机构出面担保，当外国债务人拒绝付款时，该国家机构按照承保的数额给予补偿。

c. 出口补贴又称出口津贴，是一国政府为了降低出口商品的价格，加强其在国外市场上的竞争能力，在出口某种商品时给予出口厂商的现金补贴或财政上的优惠待遇。

d. 商品倾销是指资本主义国家的大企业在控制国内市场的条件下，以低于国内市场的价格甚至低于商品生产成本的价格，在国外市场抛售商品，打击竞争者以占领市场。商品倾销可分为：偶然性倾销、间歇性倾销或掠夺性倾销、长期性倾销。

e. 外汇倾销是出口企业利用本国货币对外贬值的机会争夺国外市场的特殊手段。外汇倾销只有具备以下两个条件才能起到扩大出口的作用：一是货币贬值的程度大于国内物价上涨的程度；二是其他国家不同时实行同等程度的货币贬值和采取其他报复性措施。

f. 出口货物退（免）税，简称出口退税，是指对出口货物退还其在国内生产和流通环节实际缴纳的增值税、消费税。通过退还出口货物的国内已缴纳税款来平衡国内产品的税收负担，使本国产品以不含税成本进入国际市场，与国外产品在同等条件下进行竞争，从而增强竞争力，扩大出口的创汇，起到鼓励出口的作用。

g. 经济特区是一个国家或地区在其国境以内所划出的一定范围，在该范围内，提供建筑、码头、仓库、厂房等基础设施和实行免税等优惠税率，以吸引外国企业从事贸易与出口加工等业务活动。目的是促进对外贸易的发展，鼓励转口贸易和出口加工贸易，繁荣本地区和邻近地区的经济，增加财政收入和外汇收入。经济特区主要分为：自由港和自由贸易区、出口加工区、保税区等。

h. 促进出口的行政组织措施，如设立专门组织，建立商业情报网，组织贸易中心和贸易展览会，组织贸易代表团出访和接待来访，组织出口商的评奖活动。

（四）出口管制措施

许多国家为了达到一定政治、军事或经济的目的，往往对某些商品，特别是战略物资实行出口管制，限制或禁止这些商品的出口。

为了达到上述目的，常用措施主要有以下几种。

a. 实行国家专营或国家垄断。
b. 征收出口税。
c. 设置出口配额。
d. 实行出口禁运。
e. 实行出口许可证制。

文档2："一带一路"倡议介绍

第 4 部分　任务训练

跨境贸易政策调查	
实训地点：校内实训室	建议学时：6
小组成员：	

实训成果：

（一）进口关税核算

某电商公司以一般贸易方式从墨西哥进口完税价格（CIF 价格）为 5 万美元的龙舌兰酒，根据海关税则，税号是 22089010，当时美元汇率中间价为 6.67。请回答下列问题：

1. 计算进口关税税率、增值税率和消费税率
2. 计算关税、增值税和消费税

相关公式：关税＝完税价格×关税税率

消费税＝[（完税价格＋关税）÷(1－消费税率)]×消费税税率

增值税＝（完税价格＋关税＋正常计征的消费税额）×增值税税率

进口税＝关税＋消费税＋增值税

（二）反倾销案例调查分析

从商务部网站（http://www.mofcom.gov.cn/）上查找近三年的案例。

1. 案例陈述

续表

2. 案例分析
　（1）反倾销成立条件

　（2）反倾销调查程序

　（3）中国对该商品出口受阻可采取的应对措施

（三）跨境电子商务知识产权侵权案例
1. 案例简介

续表

2. 案例分析

3. 案例启示

评分标准

评价指标	评价内容	分值	学生自评	小组互评	教师评价
职业素养	分工合理，相互协助	15			
	遵守行业规范，严谨认真	10			
	按时按质按量完成任务单	15			
专业能力	任务结果时效性强，数据准确	20			
	能采用信息化手段收集资料	15			
	创新性思维和能力	15			
	自学与发展能力	10			
合计		100			

指导教师： 日期：

课证融通·在线自测

任务 3　跨境市场调查

第 1 部分　情景导入

浙江诸暨霖德袜业有限公司跨境电子商务部主管章晓智了解跨境贸易政策后，为了更好地把握市场机会，扩大公司业务市场，计划针对北美市场的纺织服装类产品进行跨境市场调查，并在此基础上做好市场定位，以便更好地开发客户。

第 2 部分　任务发布

一、实训目的
1. 了解跨境市场
2. 初步掌握跨境市场调查能力

二、实训组织
在教师的指导下，以小组为单位，围绕某一国家某一类产品，查阅资料，进行整理和分析，撰写调查报告，提交任务单。

三、实训内容
针对某一国家某一类产品的市场进行调查，并撰写调查报告。

第 3 部分　学习引导

跨境市场调研是指运用科学的调研方法与手段，系统地搜集、记录、整理、分析有关跨境市场的各种基本状况及其影响因素，以帮助企业制定有效的市场营销决策，实现企业经营目标。

一、跨境市场调研的目的

跨境市场调研的目的有以下几个方面。

a. 通过跨境市场调研，有助于企业了解市场环境与状况，及时把握市场机会，确定正确的目标市场。

b. 通过跨境市场调研，可以了解目标客户对产品价值的需求及同行业竞争者的价格策略，以便企业进行科学的定价决策。

c. 通过跨境市场调研，可以了解市场供需变化、消费者需求变化、各国市场环境的变化，从而据此进一步调整营销策略。

二、跨境市场调研的内容

跨境市场调研的内容可分为跨境市场环境调研、跨境市场产品调研和跨境市场营销调研。具体的调研内容如表 3-1 所示。

视频 3：跨境电商发展历程

表 3-1 跨境市场调研的内容

项目分类	调研项目	具体内容
跨境市场环境调研	目标国家经济环境	包括该国的经济结构、经济发展水平、经济发展前景、就业、收入分配等
	目标国家的政治和法律环境	包括政府机构的重要经济政策、政府对贸易实行的鼓励、限制措施，特别是有关外贸方面的法律法规，如关税、配额、国内税收、外汇限制、卫生检疫、安全条例等
	目标国家文化环境	包括使用的语言、教育水平、宗教、风俗习惯、价值观念等
	其他方面	包括国外人口、交通、地理等情况
跨境市场产品调研	目标国家市场产品的供给情况	包括商品供应的渠道、来源、该国生产厂家、生产能力、数量及库存情况等
	目标国家市场商品需求情况	包括该国市场对商品需求的品种、数量、质量要求等
	国际市场商品价格情况	包括国际市场商品的价格、价格与供求变动的关系等
跨境市场营销调研	商品销售渠道	包括销售网络设立、批零商的经营能力、经营利润、消费者对他们的印象、售后服务等
	广告宣传	包括消费者购买动机、广告内容、广告时间、方式、效果等
	竞争分析	包括竞争者产品质量、价格、政策、广告、分配路线、占有率等

三、跨境市场调研的方法

在跨境市场调研过程中，常用的调研方法有以下几种。

1. 实地考察

实地考察也分不同的层次。常见的方式是：产品出来以后，报名组团参加相关的展览，在展会上守株待兔，等客户上门。有一定经验和市场基础的，可以单独拜访已有客户。参展和拜访客户还可以同时进行。在国外还可以实地拜访交易场所、当地商会、行业协会和我驻外使领馆，获取一手的客户资料。

实地考察的费用稍高，但是能获得真实的数据，结果比较具体，有时会有意想不到的收获。

2. 网上调研

互联网是世界上最大的信息库。真实世界的动态都会反射到虚拟世界。目标明确以后，可以查找搜索引擎，找到需要的信息，再归纳整理，将资料条理化。

提供有用信息的主要网站包括：国际贸易门户、行业门户、专业协会、商会、大公司网站和专业杂志网站等。

网上调查的特点是费用低、速度快、信息量大，主要提供宏观的营销信息。

3. 付费调查或者购买现成的市场报告

国际上有很多知名的调查公司，他们在接到客户申请以后，用科学的方法和多种收集信息的方式，按照客户要求给出相关报告。同时，他们也有专题组，制作各种专题的报告，有价提供给需要者。

专业调查公司制作的报告，方法可靠、内容翔实、结论科学。按需定制的报告针对性强、建议具体，可立即实施，但成本比较高。调查公司制作的专题报告，费用相对低一些，宏观的方面都会涉及。在开拓市场的初期，这种专题报告基本够用了。

当然，上述方式也不是绝对的，可以在市场开发的不同阶段混合使用。实地考察能够带来突破和结果，是提升市场的有力武器。如果能够做好前期准备，就能事半功倍。网上调查可以随时进行，并以此为基础确定目标，同时进行其他调查。

四、跨境市场调查报告

（一）含义

跨境市场调研报告是以国际市场为对象，采用科学的方法，有计划有目的地搜集、整理、分析、研究，并以文书的形式反映国际上各个国家的市场环境、市场信息和情报资料，以便为国际市场预测和营销决策提供科学依据。

（二）撰写方法

跨境市场调研报告，有两种写法，即传统的写法和新式的写法。

1. 传统写法

传统写法的篇章结构由标题、署名和正文组成。

（1）标题

多用文章标题法，或揭示主题，或提出问题。如《男子时装领域不该沉默》就属于揭示主题的标题；《日本汽车驶向何方》就属于提出问题的标题。也有用公文标题法的，其基本标法是《关于××市场的调查报告》。

（2）署名

署名即在标题之下，写上作者姓名。

（3）正文

正文一般由开头、主体和结语组成。

开头写调查概况，或者对被调查的市场做简要回顾，或者提出市场销售方面的问题等。主体写被调查的国际市场的情况，并对产生该情况的原因进行分析，这部分是写作的重点，应该详写。结语是对未来进行展望或提出建议。

2. 新式写法

这种写法由标题、正文和署名组成。

（1）标题

由国家、商品名称和市场组成。如《加拿大陶瓷市场》《法国珠宝市场》《迪拜建材市场》等。

（2）正文

新式写法没有开头和结语，起笔便是主体。主体又由几个大体固定的项目组成。如"生产概况""市场概况""出口概况""进口概况""进口关税""零售价格""竞争概况""销售渠道"等组成。

（3）署名

署名一般放在文末，用括号括起来。

（三）时效性

国际市场受世界政治、经济、科学、技术、战争、自然条件等诸多因素制约，具有变化多端的特点。由于它变化频率高，就需要迅速及时地加以反应，如果反应慢了，时过境迁，就失去了它自身的社会和经济价值。跨境市场调查报告需突出时效性。

第 4 部分　任务训练

跨境市场调查	
实训地点：校内实训室	建议学时：4

小组成员：

实训成果：
针对某一国家某一类产品的市场进行调查，并撰写调查报告。
《＿＿＿＿＿＿（国家）＿＿＿＿＿＿（产品）市场调查报告》
附：调查报告的内容
1. 调查目的
2. 调查对象及其情况
3. 调查内容
4. 调查方式（问卷式、访谈法、观察法、资料法等）
5. 调查时间
6. 调查结果
7. 调查体会（可以是对调查结果的分析，也可以是找出结果的原因及应对办法等）

续表

评分标准

评价指标	评价内容	分值	学生自评	小组互评	教师评价
职业素养	分工合理，相互协助	15			
	遵守行业规范，严谨认真	10			
	按时按质按量完成任务单	15			
专业能力	任务结果时效性强，数据准确	20			
	能采用信息化手段收集资料	15			
	创新性思维和能力	15			
	自学与发展能力	10			
合计		100			

指导教师： 日期：

课证融通·在线自测

任务 4　企业转型定位

第 1 部分　情景导入

浙江诸暨霖德袜业有限公司跨境电子商务部主管章晓智经过对跨境贸易政策调查和市场调查，发现随着"一带一路"倡议的深入发展，跨境电子商务行业的机遇也越来越大，外贸企业转型面临着巨大的商机。如何完成转型成为公司当前应考量的最大问题。

第 2 部分　任务发布

> 一、实训目的
> 1. 了解不同的跨境电子商务平台
> 2. 掌握传统外贸与跨境电子商务的区别
>
> 二、实训组织
> 在教师的指导下，以小组为单位，根据跨境电子商务不同模式下的典型平台，查阅资料，进行整理和分析，提交任务单。
>
> 三、实训内容
> 1. 跨境电子商务平台调查分析
> 2. 为传统外贸企业向跨境电子商务企业转型设计路径

第 3 部分　学习引导

一、主流出口跨境电子商务平台

1. 亚马逊平台

亚马逊平台（Amazon）成立于 1995 年 7 月，总部设在美国西雅图。旨在借助亚马逊全球资源，给中国卖家抓住新的机遇，发展出口业务，拓展全球市场，打造国际品牌。目前，亚马逊平台主要拥有包括美国、加拿大、墨西哥、英国、法国、德国、意大利、西班牙等 17 大海外站点。

视频 4：自建站

亚马逊平台的特点包含以下 3 个方面。

a. 强调产品形象，弱化店铺功能。平台的运营定位是纳入第三方卖家的产品，使平台的产品库更加丰富，同时必须确保亚马逊平台统一的品牌形象。因此，平台没有给卖家店铺过多的自定义选项，卖家上传的产品也必须符合亚马逊平台统一的形象要求。

b. 高门槛，严要求。平台会对申请入驻卖家企业的资质进行严格审查，只有经过亚马逊筛选的卖家才可以入驻。平台对卖家的运营和销售过程也有严格的要求，所有的卖家必须遵守亚马逊平台对客户的服务承诺，一旦卖家无法达到要求，就会被平台严厉处罚，甚至会被永久封号，这也是所有入驻亚马逊平台的卖家需要注意的一点。

c. 去个性化，看中价格，配送及售后服务。亚马逊平台并不希望卖家上传的产品有太鲜明的特点，引导卖家把精力放在加强售后服务的能力上才是平台的主要目的。

2. 速卖通平台

速卖通平台（AliExpress）是阿里巴巴旗下面向国际市场打造的跨境电子商务平台，被广大卖家称为"国际版淘宝"。速卖通平台面向海外买家，通过支付宝国际账户进行担保交易，并使用国际物流渠道运输发货，是全球第三大英文在线购物网站。速卖通平台于2010年正式创立，是中国最大的跨境零售电商平台，目前已经开通了18个语种的站点，覆盖全球200多个国家和地区。速卖通平台官网页面如图4-1所示。

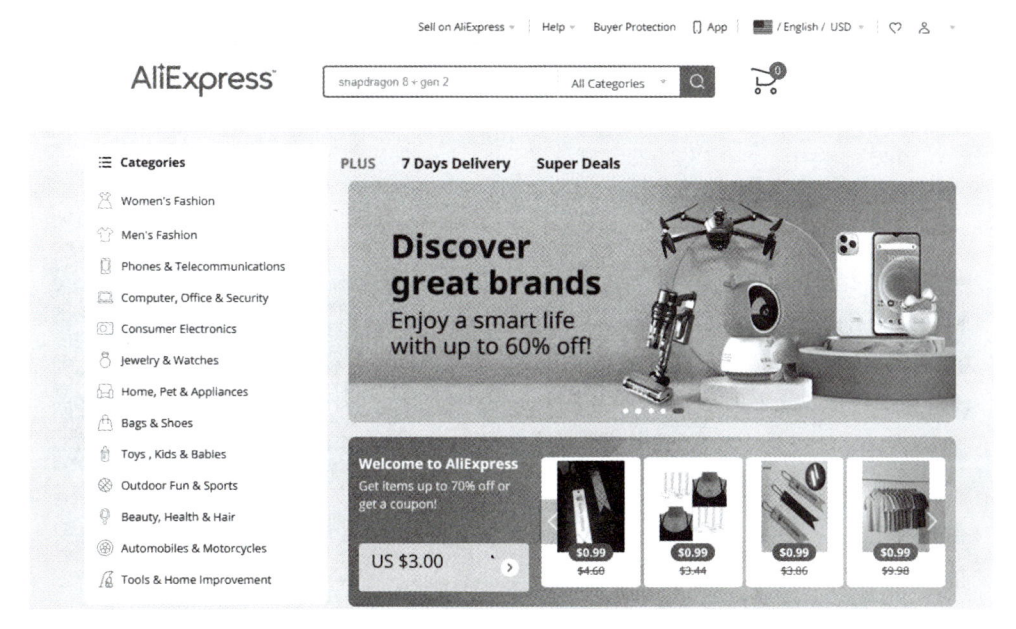

图4-1 速卖平台通官网页面

速卖通平台的特点包含以下4个方面。

a. 平台门槛低，交易活跃，可以帮助许多中小卖家迅速走上出口业务的道路。速卖通平台对卖家没有企业组织形式和资金的限制，公司、个人都可以在平台上占有一席之地。发布10个产品后，卖家就可以在平台上成立自己的店铺，然后可以面向全球200多个国家的买家沟通交流、发布、推广产品。订单反应迅速，交易活跃，极大地满足了中国小供货商迅速做出口业务的愿望，也刺激了双方交易的活跃性。

b. 没有关税支出。由于速卖通业务的单笔订单成交金额少，包裹成本普遍较低，没有达到进口国海关的关税起征点，所以没有关税支出，大大减少了买家的购买成本。速卖通平台的产品具有较强的价格优势。

c. 交易流程简便。速卖通平台的一大优点就是出口省力，交易非常简便。出口商无需成立企业形式，无需向外经贸委和外汇管理局等备案，无需出口报检。出口报关、进口报关全由全球速卖通物流方简单操作完成。买卖双方的订单生成、发货、收货、支付等在线上完成。双方的操作模式犹如国内的淘宝，非常简便。卖家通过第三方物流迅速发货，买家通过银行卡进行交易支付。双方不需要信用证或者贸易术语等外贸专业知识。进出口业务的门槛大大降低。

  d. 产品选择品种多且物美价廉。所以，速卖通平台业务跟传统国际贸易业务相比拥有强大的市场竞争优势。

3. 阿里巴巴国际站

  阿里巴巴国际站成立于1999年，是阿里巴巴集团的第一个业务板块，阿里巴巴国际站已成为推动外贸数字化的主力平台之一，累计服务200余个国家和地区超过2 600万活跃企业买家。它通过向海外买家展示、推广供应商的企业和产品，进而获得贸易商机和订单，是出口企业拓展国际贸易的首选网络平台之一。阿里巴巴国际站官网页面如图4-2所示。

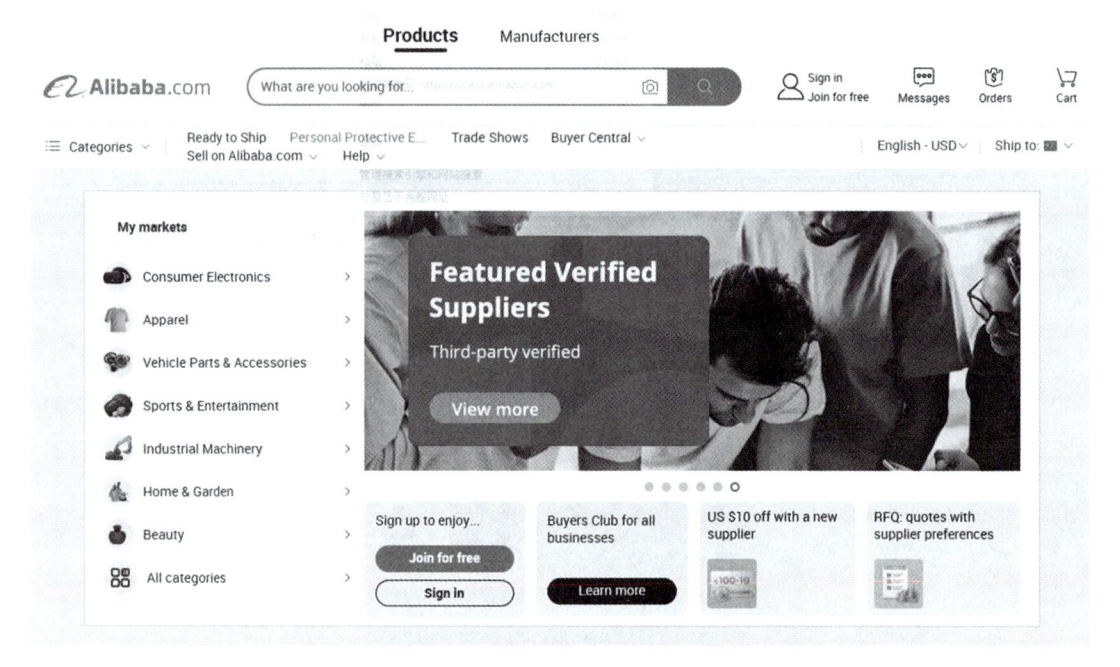

图4-2　阿里巴巴国际站官网页面

  阿里巴巴国际站的特点包含以下3个方面。

  a. 知名度高，流量大。阿里巴巴国际站作为全球最大的 B2B 平台，主要助力于中小企业拓展国际贸易的出口营销推广服务，在外贸行业中影响力巨大，可谓家喻户晓。平台自带一部分流量，辅助商家快速出单。阿里巴巴的宣传力度不容小觑，在国内的线下展会上经常会看到有关阿里巴巴国际站的宣传版块。

  b. 一站式服务，模式较轻。阿里巴巴国际站平台模式的主要成本在于平台建设与服务，为外贸企业提供一站式产品展示、店铺装修、营销推广等服务。相对来讲，具有模式轻的特点，有利于企业快速积累客户规模和实现交易量，进而助力 B2B 企业建立规模优势，开拓外贸大市场。

  c. 发展成熟，功能完善。阿里巴巴国际站从建立到发展至今已有20余年，其网站的功能基础设施相当成熟完善。为企业提供最新宏观经济信息并协助运营人员开展线上销售、客户开发、采购等方方面面工作。

4. Shopee 平台

Shopee 平台是领航跨境电子商务平台，覆盖新加坡、马来西亚、菲律宾、泰国、越南、巴西、墨西哥、哥伦比亚、智利等 10 余个市场，同时在中国深圳、中国上海和中国香港设立跨境业务办公室。2021 年，Shopee 平台总订单量已达 61 亿，同比增长 116.5%。Shopee 平台官网页面如图 4-3 所示。

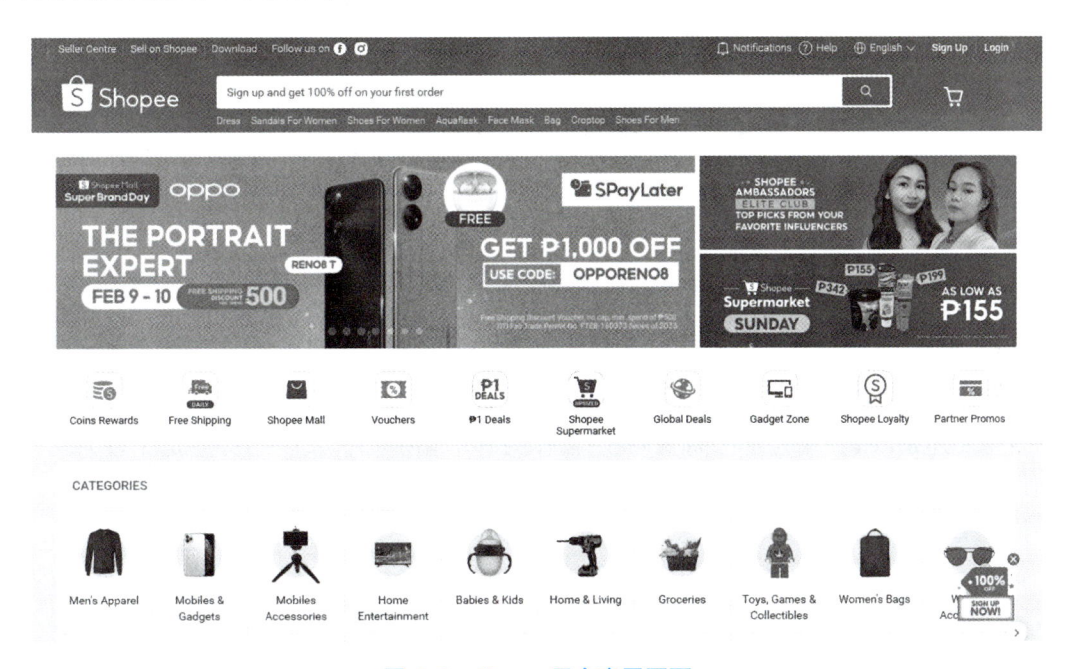

图 4-3　Shopee 平台官网页面

Shopee 平台的特点包含以下 5 个方面。

a. Shopee 平台门槛较低，跨境入驻全程免费，对卖家友善。

b. 采用转运仓模式进行运输，低价高效，卖家操作轻松。包括进出口清关、最后一公里配送，Shopee 平台都会帮助卖家进行处理。

c. 打款周期为两周一次，分别为月中和月末，打款金额以打款日期前两周确认妥投的订单为准。同时，平台也针对打款系统与回款速度不断进行优化，目前回款速度较最初已提升 5~7 天。

d. 平台提供小语种客服翻译，方便与顾客沟通，同时提供商品 listing 的翻译，平台能够提供接近人工翻译水平的产品介绍。

e. 流量大。2021 年，其 APP 下载量已超过亚马逊。

5. Wish 平台

Wish 平台由来自 Google 和 Yahoo 的工程师 Peter Szulczewski 和 Danny Zhang 于 2011 年在美国创立，是一家专注于移动购物的跨境 B2C 电商平台。平台根据买家喜好，通过精确的算法推荐技术，将商品信息推送给感兴趣的买家。Wish 平台官网页面如图 4-4 所示。

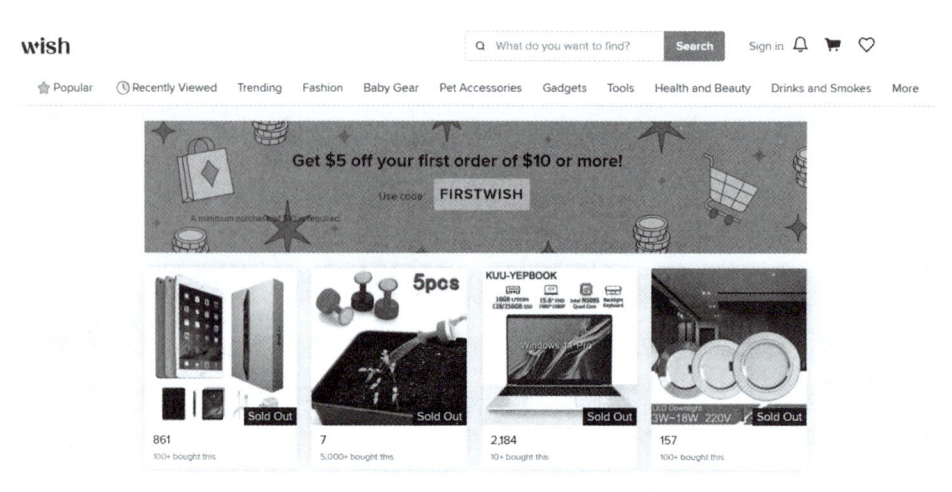

图 4-4　Wish 平台官网页面

Wish 平台最大的特点就是移动端市场，可以让买家随时随地购买，而且也有自己独特的推送算法，根据买家的喜好进行精准的产品推送，更好地提升买家的体验。目前美国的电商平台主要还是以 PC 端为主，而 Wish 平台作为移动端平台，发展趋势还是比较大的，竞争相对也比较小。

6. 敦煌网平台

敦煌是中国古代丝绸之路上的辉煌驿站，是中国丰富商品走出国门的盛大之城。敦煌网平台（DHgate）由王树彤于 2004 年创立，是领先的 B2B 跨境电子商务交易平台。敦煌网平台帮助中小企业实现"买全球，卖全球"的梦想。敦煌网平台打造了集相关服务于一体的全平台和线上化外贸闭环模式，极大降低了中小企业对接国际市场的门槛，不仅增加国内中小产能，也惠及全球中小微零售商，并成为二者之间的最短直线。平台目前累计拥有 230 万以上注册供应商，年均在线产品数量超过 2 500 万，累计注册买家超过 3 640 万，覆盖全球 223 个国家及地区，拥有 100 多条物流线路、10 多个海外仓以及 71 个币种支付能力，在北美、拉美、欧洲等地设有全球业务办事机构。敦煌网平台官网页面如图 4-5 所示。

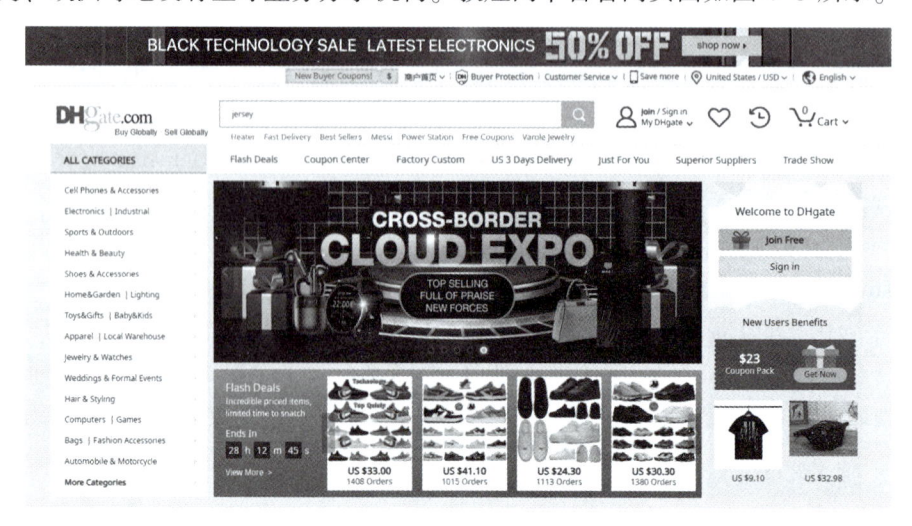

图 4-5　敦煌网平台官网页面

敦煌网平台主要面向 B2B 中小企业；入驻门槛低，无须缴纳年费；主要有交易佣金和服务费两种盈利模式；为了给客户提供快捷便利的物流服务，整合了 EMS、UPS、DHL、FdEX、TNT 等全球领先物流服务商，客户可一键发货，但交易佣金及物流费用较高；针对客户的需求，提供了在线支付服务、金融抵押担保服务和营销推广服务等多样的服务模式。

二、跨境电子商务 B2B 与 B2C

1. 什么是 B2B

B2B（Business to Business）是企业与企业之间或商家与商家之间通过互联网进行产品、服务及信息的交换。B2B 提供了一个大宗购物平台，采购商可以在该平台上查到所有销售商，以及它们所拥有商品的全部信息，可根据自己的特殊需要，进一步发布采购需求。当然最重要的是销售商和采购商之间最终发生了交易行为。

2. 什么是 B2C

B2C（Business to Customer）是电子商务按交易对象分类中的一种，即商家和消费者之间的电商交易。这种网络购物模式大大提高了双方之间的交易效率。

3. B2B 和 B2C 比较分析

B2B 和 B2C 最本质的区别是所针对的客户群体不一样，可以将两者简单地理解为批发（B2B）与零售（B2C）。B2B 市场是由产品与服务的购买、生产、销售环节所组成的，而跨境 B2C 市场是一个为个人消费者提供产品与服务的过程；在 B2B 市场上，消费者的购买决策不是由一个人决定的，而 B2C 市场的购买决策是由消费者自己决定的；B2B 模式下的消费者购买行为比较复杂，包括环境、团体与个人因素等，而 B2C 模式的消费者购买行为相对简单，因为它是消费者的个体行为；与 B2B 相比，B2C 是更为先进的一种模式；在传统的 B2B 贸易过程中，从工厂出货到最终到达消费者手中，需要经过多方烦琐环节，且每个环节都要产生相应成本，导致终端价格攀升，同时还伴随着信息滞后且不透明等问题，而 B2C，是从工厂或卖家处直接送达消费者手中，去掉所有中间环节，是一个相对高效的业务模式。

第 4 部分　任务训练

企业转型定位	
实训地点：校内实训室	建议学时：4

小组成员：

实训成果：
（一）跨境电子商务平台调查分析
可参考如下表格：

跨境电子商务类型		平台名称	优势	劣势
以交易为主体分类	B2B 跨境电子商务平台			
	B2C 跨境电子商务平台			
	C2C 跨境电子商务平台			
以服务类型分类	信息服务平台			
	在线交易平台			
	综合服务平台			
以平台运营方式分类	第三方开放平台			
	自营型平台			
以进出口方向分类	进口跨境电子商务平台			
	出口跨境电子商务平台			

（二）为传统外贸企业向跨境电子商务企业转型设计路径
1. 传统外贸与跨境电子商务的区别

续表

2. 设计公司从传统外贸企业转型跨境电子商务的路径

评分标准

评价指标	评价内容	分值	学生自评	小组互评	教师评价
职业素养	分工合理，相互协助	15			
	遵守行业规范，严谨认真	10			
	按时按质按量完成任务单	15			
专业能力	任务结果时效性强，数据准确	20			
	能采用信息化手段收集资料	15			
	创新性思维和能力	15			
	自学与发展能力	10			
	合计	100			

指导教师： 　　　　　　　　　　　　　　日期：

课证融通·在线自测

项目二
入驻开店

知识目标

1. 了解速卖通平台开店注册相关政策
2. 理解速卖通开店流程、店铺注册细节、注意事项
3. 掌握速卖通开店操作要点

技能目标

1. 能根据企业自身特点，选择合适的跨境电子商务平台
2. 能在速卖通平台上完成账号注册
3. 能掌握速卖通平台相关规则

素质目标

1. 培养学生精益求精、竞争的意识
2. 帮助学生树立工匠精神

大赛直通车

"境"界"伦"商

思政案例

"凤凰"自行车的全球化转型：跨境电子商务与数字化战略的成功实践

"凤凰"自行车的跨境电子商务入驻开店之路是传统制造业在全球市场适应与转型的生动案例。面对自行车市场需求的高端化和多元化，"凤凰"自行车采取了积极的策略，进行了深度的产品和市场结构转型。他们推出了包括电动助力车、山地越野车在内的多样化高科技产品，以适应不断变化的市场需求。特别是在2020年，"凤凰"自行车通过并购日本"丸石"品牌，成功地将业务拓展到了欧、美、日等国家的中高端市场，这一举措不仅增强了其国际市场的影响力，也提升了品牌的全球认知度。

在数字化时代背景下，"凤凰"自行车积极拥抱跨境电子商务，通过入驻阿里巴巴国际站等平台，快速响应国际市场的变化。他们成立了新媒体营销部门，利用数据分析来精准定位目标消费者，有效提升了获客效率和市场反应速度。这种数字化转型不仅提高了凤凰自行车的国际竞争力，也为其在全球市场中的持续增长奠定了坚实的基础。

"凤凰"自行车的这一转型之路，不仅展示了其在面对全球市场挑战时的创新和适应能力，也体现了跨境电子商务在现代国际贸易中的重要作用。通过有效利用电商平台，"凤凰"自行车能够更直接地接触到海外消费者，更快速地响应市场变化，同时也能更有效地进行品牌推广和市场扩张。这一案例为其他企业，特别是对于那些寻求通过数字化转型来拓展国际市场的传统制造业企业，在全球化浪潮中寻找新的增长点提供了宝贵的经验和启示。凤凰自行车的故事强调了创新、适应和持续学习的重要性，这些都是企业在全球竞争中不可或缺的核心要素。

任务 5　入驻平台开店

第 1 部分　情景导入

浙江诸暨霖德袜业有限公司跨境电子商务部主管章晓智通过不同跨境平台分析，决定公司在速卖通平台先开设店铺。首先要了解速卖通平台规则，准备相应的证明资料，顺利完成店铺注册及审核。

第 2 部分　任务发布

一、实训目的
1. 认识速卖通平台
2. 了解平台注册流程

二、实训组织
在教师的指导下，以小组为单位，根据速卖通平台的规则，完成店铺注册，能顺利通过店铺审核，并将过程记录后提交任务单。

三、实训内容
1. 创建速卖通店铺
2. 盘点速卖通平台上架产品规则

第 3 部分　学习引导

一、入驻速卖通平台

（一）速卖通平台简介

速卖通平台是阿里巴巴为了帮助中小企业接触终端批发零售商、小批量多批次快速销售、拓展利润空间而全力打造的融合订单支付、物流于一体的外贸在线交易平台。

速卖通平台覆盖 3C、服装、家居、饰品等共 30 个一级行业类目，其中优势行业主要有：服装服饰、手机通信、鞋包、美容健康、珠宝手表、消费电子、电脑网络、家居、汽车摩托车配件、灯具等。

（二）速卖通平台入驻的准备

1. 品类

速卖通平台提供丰富的经营品类。

2. 规则

为了避免经营过程中被处罚，一定要事先了解知识产权保护和商品禁限售规则。

3. 费用

入驻速卖通平台免费，开店冻结保证金（1万~5万不等）。交易时，平台对每笔成交的订单收取5%~8%的交易佣金。

4. 入驻资料准备

a. 营业执照。个体工商户和企业都可以注册，如果注册商家账号，则需要准备企业执照，个人无法申请开店。

b. 身份证。个体工商户准备自己的身份证即可，企业需要法人代表的身份证，还需要提供彩色扫描件及复印件。

c. 电子邮箱。建议使用海外的邮箱，如Gmail、hotmail等，最好是没有绑定过其他平台的邮箱。

d. 企业/法人支付宝。企业支付宝授权认证或者企业法人支付宝授权认证，有企业支付宝的可以不用重新注册，否则需要去注册一个国际支付宝，可以帮助卖家快速通过注册认证。

e. 品牌商标证明。绝大部分类目都要求必须要有品牌，可以是品牌商标，可以是品牌授权证明，也可以是TM标或者R标。这样能够树立品牌形象，提升知名度，获取买家的信任，防止他人恶意抢注，防止侵权。

f. 手机号码。个体工商户自己的或者企业法人代表的手机号码。

（三）速卖通平台入驻步骤

想要在速卖通平台上开通店铺，首先要有一个账户。打开速卖通网站（http://seller.aliexpress.com），单击"中国卖家入驻"按钮，如图5-1所示。

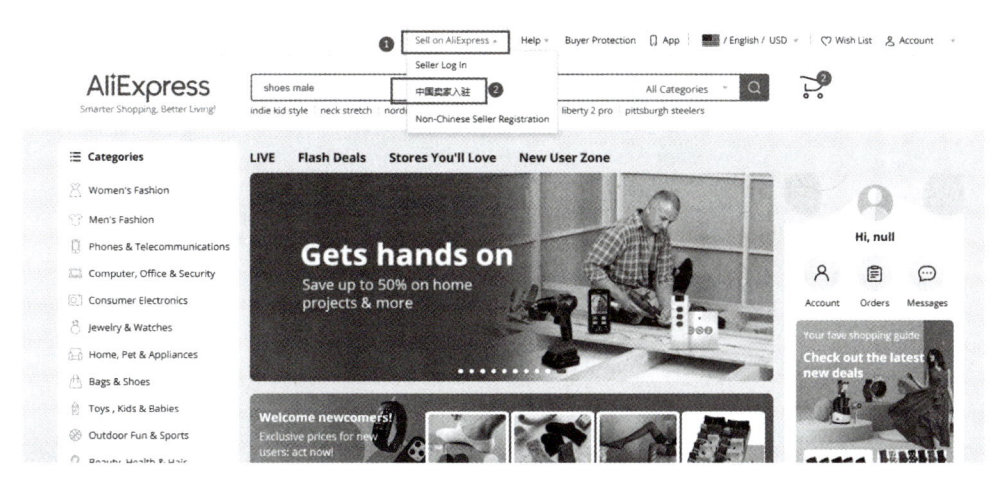

图5-1 速卖通平台入驻入口

1. 选择公司注册地所在国家

根据营业执照选择公司注册地所在国家，以中国商家为例，如图5-2所示。

图 5-2　选择公司注册地所在国家

2. 选择开店类型

速卖通平台账户一旦注册成功，店铺经营类型就无法更改。速卖通平台店铺类型，如图 5-3 所示。

图 5-3　速卖通平台店铺类型

a. AliExpress 全托管店铺：全托管业务速卖通平台提供的增值服务。
b. AliExpress 自运营店铺：商家自主运营账户，一店卖全球，0 年费低佣金。
c. Miravia 自运营店铺：自运营店铺。

3. 入驻开店

（1）全托管商家开店入驻
①设置登录邮箱
该邮箱必须是没有注册过速卖通平台卖家的账号。需提供邮箱、手机号，获取验证码并通过验证，1 个邮箱只能注册 1 个账号，1 个手机号最多只能绑定 6 个账号（包含全托账号和自运营账号），账号注册后邮箱和手机号都会被占用。
②认证企业信息
商家可通过 2 种方式选择认证：企业支付宝认证和企业法人支付宝认证。
商家填写企业信息并提交后，便进入企业信息审核阶段。通过审核后，继续填写材料即可。认证企业信息如图5-4所示。

图5-4 认证企业信息

③补充经营概况

补充商家企业经营信息，方便平台快速了解商家的经营情况：比如类目、进货方式、电商平台运营经验、公司规模、品牌等。

提交经营概况信息后，等待平台行业小二审核，审核一般在2~4个工作日完成（周末不计入）。通过审核后，进入下一步。

④开通资金账户

资金账户指的是国际支付宝账户，是商家用来收款的，比如交易订单的结算资金，当前收款币种为人民币。审核开通资金账户，需要2~3天。进入人工审核时，商家可以前往国际支付宝查看审核情况，审核通过后，直接进入下一步。

⑤缴纳保证金

国际支付宝资金账户开通后，跳转至支付宝缴纳保证金，冻结店铺的保证金为10 000元人民币。除了平台规定的特殊类目外，不限制店铺发布品类目。缴纳保证金的国内支付宝账户，支持个人或者企业账户。保证金缴纳冻结完成，便成功开通全托管店铺，进入工作台即可开始发布商品。店铺开通成功，如图5-5所示。

图5-5 店铺开通成功

（2）自运营店铺商家开店入驻

①设置登录邮箱

该邮箱必须是没有注册过速卖通平台卖家的账号。需提供邮箱、手机号，获取验证码并通过验证，1 个邮箱只能注册 1 个账号，1 个手机号最多只能绑定 6 个账号（包含全托账号和自运营账号），账号注册后邮箱和手机号都会被占用。

②认证企业信息

商家可通过 2 种方式选择认证：企业支付宝认证和企业法人支付宝认证。

商家填写企业信息并提交后，便进入企业信息审核阶段。通过审核后，继续填写材料即可。

③开通资金账户

审核开通资金账户，需要 2~3 天。进入人工审核时，商家可以前往国际支付宝查看审核情况，审核通过后直接进入下一步。

④选择经营大类

注册完成之后，需要根据经营方向，申请经营大类权限。不同经营大类要求交纳的平台保证金金额不同。单店只能选择一个经营范围，若经营范围下存在多个经营大类，可同时申请经营，但是单店只会收取一笔保证金，采取“就高收取”原则。速卖通平台 2021 年度各类目保证金一览表（部分）如图 5-6 所示。

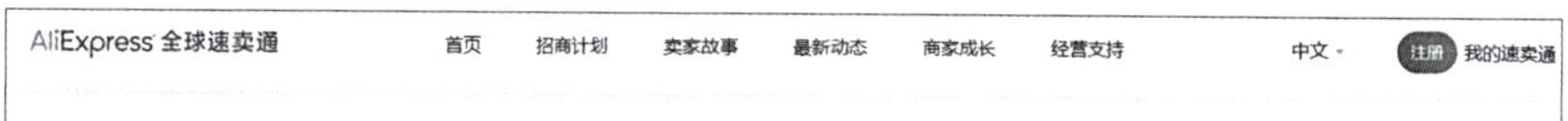

速卖通平台2021年度各类目保证金一览表

1、每个速卖通账号只准选取一个经营范围经营，并可在该经营范围下经营一个或多个经营大类。（只有9和10经营范围下有多个经营大类）

2、保证金按店铺入驻的经营大类收取，如果店铺入驻多个经营大类（仅涉及9和10经营范围下），则保证金为多个经营大类中的最高金额。

3、本保证金规则适用于2019年11月27日后入驻的新卖家，针对之前已经入驻的卖家，仍适用年费规则。

4、部分经营大类下类目需要额外提供资质详情点击了解。

经营范围	2019经营大类	保证金	经营大类下可发布的类目	类目服务指标考核
1	珠宝手表 （含精品珠宝）	1万	Jewelry & Accessories 珠宝饰品及配件 Watches 手表 以下类目可共享发布： Apparel Accessories 服饰配饰（男/女/儿童配件，婴儿配饰发到婴儿服装） Men's Clothing 男装 Women's Clothing 女装 Novelty & Special Use新奇特及特殊用途服装 Underwear, Socks, Sleep & Lounge Wear男女内衣/家居服/袜子 Weddings & EventsWedding Accessories婚庆配饰 Consumer Electronics>Smart Electronics>Wearable Devices>Wristbands 腕带 Consumer Electronics>Smart Electronics>Wearable Devices>Smart Watches 智能手表	表格下载
2	服装服饰	1万	点击下载 以下类目可共享发布（详见下载表格）： 1.珠宝饰品及配件、手表 2.箱包部分类目 3.孕婴童 > 儿童服装（2岁以上）> 亲子装 4.男女鞋类目 5.泳装类目	表格下载

图 5-6 速卖通平台 2021 年度各类目保证金一览表（部分）

⑤缴纳保证金

国际支付宝的资金账户开通后，跳转至支付宝缴纳保证金。保证金缴纳冻结完成，便成功开通自运营店铺，进入工作台即可开始发布商品。

二、入驻 Shopee 平台

（一）Shopee 平台简介

Shopee 平台是领航跨境电子商务平台，覆盖新加坡、马来西亚、菲律宾、泰国、越南、巴西、墨西哥、哥伦比亚、智利等 10 余个国家的市场，同时在中国深圳、上海和香港地区设立跨境业务办公室。2022年度，Shopee总订单量达76亿笔，总订单数同比增长23.7%。根据移动数据平台data.ai显示：2022年度，在全球购物类APP中，Shopee平均月活跃用户数增速位居排名前三，在囊括东南亚及巴西市场的购物类APP中，Shopee平均月活跃用户数增速第一。同时，Shopee品牌影响力广泛，列入"YouGov 2022全球最佳品牌榜"第五，是前十强中仅有的电商品牌。

视频15：如何成为美国本土卖家

（二）Shopee平台注册步骤

Shopee平台卖家入驻需要先申请一个主账户，又称母账户（权限最高的卖家账户，账户拥有者通常是公司法人）。主账户管理该公司的所有店铺，并为公司的员工（即子账户）设置权限。

1. 填写申请表

前往Shopee平台网站，单击"立即入驻"按钮，进入入驻流程页面（如图5-7所示），该页面将简要介绍卖家入驻流程和入驻须知。确认入驻流程和入驻须知后，单击"填写申请表"按钮。

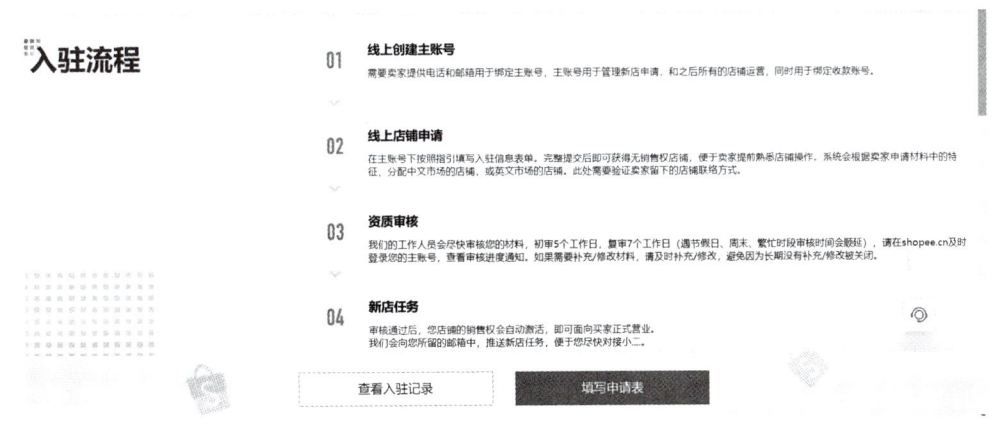

图5-7 入驻流程页面

进入登录页面后，可以选择登录或注册新账号进行申请。

a. 已有主账号，单击"点我登录"进行登录。

b. 没有主账号，单击"点我注册"以创建主账号。

在提交入驻申请前，必须拥有主账号，主账号将用于提交申请信息、查看申请进度以及在入驻成功后进行店铺管理。

2. 登录主账户

输入主账户登录名（格式为××：main）及密码，以登录主账户。

3. 提交入驻信息

第一次提交申请资料时，需填写4个部分的信息：法人实名认证、联系人信息、公司信息以及店铺信息。

a. 在手机端使用微信扫描二维码进入实名认证页面，如图5-8所示。

图 5-8　实名认证页面

通过以下步骤完成实名认证：上传法人身份证照片、检查扫描结果并进行人脸识别、按要求录制并上传视频、查看实名认证结果。具体流程如图 5-9 所示。

图 5-9　实名认证流程图

b. 填写信息。第一次提交申请资料时，需填写 3 个部分的信息：联系人信息（图 5-10）、公司信息（图 5-11）以及店铺信息（图 5-12）。

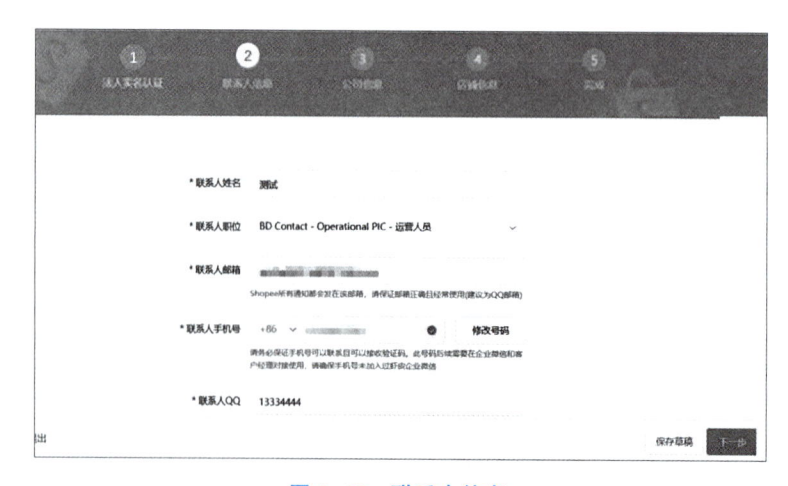

图 5-10　联系人信息

图 5-11　公司信息

图 5-12　店铺信息

4. 申请开店

当入驻信息成功提交后，可以看到弹出信息，若在"是否为品牌"中选择"否"，可单击"申请开店"按钮来注册第一家店铺，或单击"查看入驻记录"按钮来管理入驻申请，如图 5-13 所示。

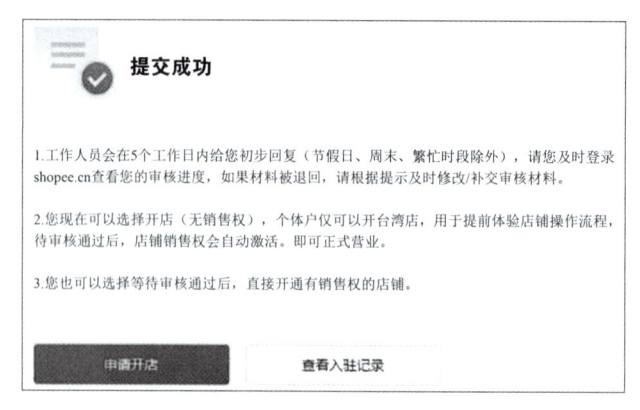

图 5-13　申请开店页面

进入店铺注册页面后,输入用户名、密码、确认密码、电邮、电邮验证码并同意服务条款,然后单击"提交"以完成店铺注册。在入驻申请通过前,注册的店铺为无销售权限的店铺;在入驻申请通过后,无销售权店铺将会被激活并可以开展销售业务,如图 5-14 所示。

图 5-14　店铺注册页面

第 4 部分　任务训练

入驻平台开店	
实训地点：校内实训室	建议学时：4
小组成员：	
实训成果： （一）创建速卖通平台店铺 1. 设置用户名 2. 填写账号信息 3. 进行身份认证 4. 绑定支付信息 	

续表

（二）速卖通平台上架产品规则盘点

评分标准

评价指标	评价内容	分值	学生自评	小组互评	教师评价
职业素养	分工合理，相互协助	15			
	遵守行业规范，严谨认真	10			
	按时按质按量完成任务单	15			
专业能力	任务结果时效性强，数据准确	20			
	能采用信息化手段收集资料	15			
	创新性思维和能力	15			
	自学与发展能力	10			
合计		100			

指导教师：　　　　　　　　　　　　　　日期：

课证融通·在线自测

项目三
选品与定价

知识目标

1. 了解跨境电子商务选品的原则
2. 熟悉跨境电子商务选品的注意事项
3. 熟悉跨境电子商务选品的分类和方法
4. 掌握跨境电子商务货源选择的途径和方法
5. 了解跨境电子商务商品的价格构成
6. 熟悉跨境电子商务商品的定价策略
7. 掌握跨境电子商务商品的价格核算方法

技能目标

1. 能选择适合不同目标市场的商品
2. 能找到稳定的跨境电子商务商品的货源
3. 能对所选商品核定有利的价格

素质目标

1. 培养精益求精、开拓创新的意识
2. 培养爱国、爱家乡的大局意识
3. 培养学生独立思考的能力

大赛直通车

"境"界"伦"商

思政案例

全球化视野下的跨境电子商务策略：选品与定价的关键考量

在当前跨境电子商务行业由快速增长转向理性发展的背景下，选品与定价策略成为企业的核心关注点。2022年跨境电子商务融资总额的大幅下降反映出市场发展的新态势，迫使企业必须更加精细化地审视其产品选择和定价模型。面对日益增长的品牌化趋势和多渠道运营的需求，企业正在转向专注于核心单品品类，以提升用户体验，并积极探索东南亚、拉美等新兴市场，寻求差异化选品的机会。

在定价策略方面，企业不仅需要考虑不断攀升的物流成本和合规成本，而且还面临着获客成本显著上升的问题。这要求企业在定价时不仅要考虑市场竞争和广告投入，还需适应不同市场的消费能力和需求特点。这种市场环境下，企业必须展现出强大的市场适应能力，通过产品创新和差异化来应对多变的国际市场。同时，有效的成本控制和风险管理在定价策略中变得尤为重要，能确保企业的可持续发展和长期盈利能力。

此外，随着跨境电子商务行业的成熟，企业也开始重视供应链管理和数字化转型，以提高运营效率和降低成本。通过优化库存管理和物流流程，企业能够更好地控制成本，提高资金利用率，从而在激烈的市场竞争中获得优势。这一转变不仅是跨境电子商务企业应对全球市场竞争的关键，也是其在不断变化的国际贸易环境中保持竞争力和实现持续增长的重要策略。

任务 6　跨境商品分类分析

第 1 部分　情景导入

浙江诸暨霖德袜业有限公司目前涉及的出口品类有袜、服装、鞋帽等。跨境电子商务部主管章晓智结合当地产业集群优势分析公司传统外贸产品类目的合理性，并对跨境电子商务商品分类进行分析，针对不同目标市场选择更具市场接受度的商品。

第 2 部分　任务发布

一、实训目的
1. 认识商品
2. 了解商品分类的原则和方法

二、实训组织
在教师的指导下，以小组为单位，围绕跨境电子商务平台不同店铺经营商品的分类体系，查阅资料，进行整理和分析，提交任务单。

三、实训内容
1. 不同店铺商品分类体系分析
2. 两种不同分类体系的差异比较

第 3 部分　学习引导

一、跨境电子商务商品的分类和归类

（一）跨境电子商务商品的分类方法

跨境电子商务商品的分类方法有：线分类法、面分类法、混合分类法。

1. 线分类法

线分类法也称为层级分类法，是将拟分类的商品集合总体按选定的属性或特征层层依次划分，并编制成一个由大类、中类、小类、细类等不同层次构成的分类体系。在这个体系内，各个类目彼此之间构成并列的或隶属的关系。由一个类目直接区分出的各类目，彼此称为同位类。同位类的类目之间为并列关系，既不重复，又不交叉。一个类目相对于由它直接划分出来的下一层级的类目而言，称为上位类，也叫母项；由上位类划分出来的下一层级的类目，相对于上位类而言，称为下位类，也叫子项。上位类与下位类之间存在从属关系，即下位类从属

文档3：商品分类原则与方法

于上位类。线分类法属于传统的分类方法，也是主要的商品分类方法，使用范围非常广泛。线分类法的主要优点有：信息容量大、层次清楚、逻辑性强，符合传统应用的习惯，既适用于手工操作，又便于计算机处理。线分类法的主要缺点有：弹性差，分类体系一旦建立，其分类体系结构便不能改动；采用线分类法编制商品分类体系时，必须预先留有足够的后备容量。

我国《全国主要产品分类与代码第 1 部分：可运输产品》（GB/T 7635.1）和《全国主要产品分类与代码第 2 部分：不可运输产品》（GB/T 7635.2）采用的分类方法都是线分类法。前者（GB/T 7635.1）按产品的产业源、产品的性质、加工工艺、用途等基本属性分为 6 个层次，各层分别命名为大部类、部类、大类、中类、小类、细类；后者（GB/T 7635.2）依据产品的产业源、产品形式和服务的方式、环境、供方、受方等属性分为 5 个层次，各层分别命名为部类、门类、大类、中类、小类。

2. 面分类法

面分类法也称平行分类法，它是把拟分类的商品集合总体，根据其本身固有的若干属性或特征，分成相互之间没有隶属关系的若干独立的类目，每组类目构成一个"面"，将各个"面"平行排列，形成面分类体系。将某个"面"中的一种类目与另一个"面"中的一种类目组合在一起，即组成一个复合类目。面分类法的优点：灵活方便、结构弹性好，适用于计算机处理。面分类法的缺点：组配的结构太复杂而不利于手工处理，也不能充分利用其信息容量，这是由于在实践中许多复合类目没有实用价值。一般把面分类法作为线分类法的辅助方法。

3. 混合分类法

在商品分类实践中，由于分类对象和管理要求的复杂性，往往单独使用一种分类方法满足不了使用者的需要，所以在实际分类时，经常会根据情况，以一种分类方法为主，另一种分类方法作为补充，这种分类称为混合分类法。

（二）跨境电子商务商品的归类方法

进出口商品正确归类是外贸从业人员从事国际贸易活动的基础，也是跨境电子商务运营专员的基本技能，只有掌握一定的商品归类方法和技巧，才能将跨境电子商务选品工作做得更好。

速卖通站内选品主要采用三种方法，第一种是根据速卖通站点的热卖品类进行选品，第二种是根据速卖通的数据分析工具进行选品，第三种是根据速卖通的关键词搜索功能进行选品。

速卖通平台的一级类目包括：女士潮流（Women's Fashion）、男士潮流（Men's Fashion）、手机及电子（Phones & Telecommunications）、电脑及办公室安全（Computer, Office & Security）、消费电子产品（Consumer Electronics）、珠宝及手表（Jewelry & Watches）、家养宠物及电器（Home, Pet & Appliances）、鞋包（Bags & Shoes）、婴幼儿（Toys, Kids & Babies）、户外娱乐与运动（Outdoor Fun & Sports）、美容美发（Beauty, Health & Hair）、汽摩及配件（Automobiles & Motorcycles）、工具和家居装修（Tools & Home Improvement），如图 6-1 所示。

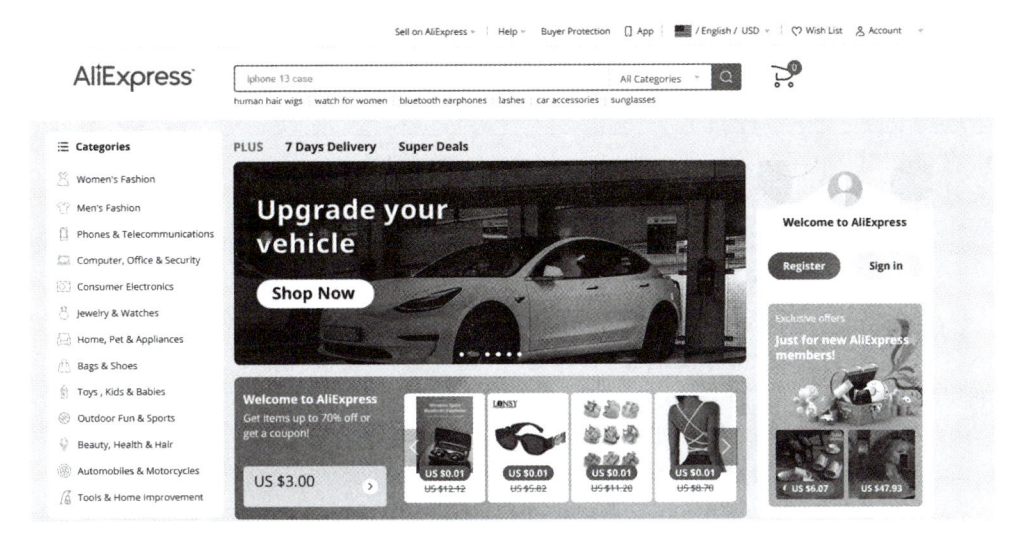

图 6-1　速卖通一级类目

速卖通平台是目前全球最大的在线电子产品交易平台之一，Apparel（服装）类目也是速卖通平台第一大分类之一。服装的二级类目有：女士服装（Women's Clothing）、男士服装（Men's Clothing）、运动装（Sportswear）、童装（Children's Clothing）、服装及服装加工辅料（Garment & Processing Accessories）、新奇及特殊用途的服装（Novelty & Special Use）、婴童装（Infant & Toddlers Slothing）、礼服及配件（Wedding Apparel & Accessories）等，如图 6-2 所示。

图 6-2　服装二级类目

三、部分跨境电子商务商品

（一）纺织类

1. 纺织品（Textile）

纺织品是人类日常生活中常见的商品之一，也是传统的出口商品之一。它主要指纺织纤维（如纱、线、丝等）经过纺织及其复制加工的产品。纺织品常指单纱、股线、绒线、拈丝、绳索、机织物、针织物、编织物、各种纺织复制产品、毡毯、无纺布等，可供直接应用或进一步加工。此外，化学纤维单丝和复丝也属于纺织品。纺织品的种类及含义如表6-1所示。

表6-1 纺织品种类及含义

纺织品分类原则	种类及含义
按用途分	衣着用纺织品：指制作服装和纺织品的各种纺织面料；缝纫线、松紧带、领衬等各种纺织品辅料；针织成衣、手套、袜子等 装饰用纺织品：指室内用品、床上用品和户外用品。室内用品包括家具和餐厅浴室用品，如地毯、沙发套、坐垫（套）、壁毯、贴布、罩、窗帘、毛巾等；床上用品包括床罩、床单、被面、被套、枕芯、被芯、枕套等；户外用品包括人造草坪等。可以认为装饰用纺织品在品种结构、织纹图案和配色等方面较其他纺织品有更多的突出特点 工业用纺织品：指广泛用于工业领域的纺织品，如篷盖布、枪炮衣、过滤布、筛网、路基布等
按生产方式分	线类：指纺织纤维经纺纱加工而成纱，由两根以上纱捻合而成 带类：指窄幅或管状的织物 绳类：指多股线捻合而成绳 机织物：指采用经纬相交织造的织物 无纺布：指不经传统纺织工艺，由纤维铺网加工处理而形成的薄片纺织品 针织物：指由纱线成圈相互串套而成的织物或直接成型的衣着用品

一个涌现的新名词是"生态纺织品"。何谓"生态纺织品"？就是指那些采用对周围环境无害或少害的原料制成的并对人体健康无害的纺织产品。这类纺织品经过毒理学测试并具有相应的标志，即产品必须经过国际环保纺织协会及其成员机构，按 Oeko-Tex Standard 100 体系和要求进行特定认证，符合要求并发以特定证书及特定标签，其证书的有效期是一年。此外，成为生态纺织品还必须符合以下几方面的要求。

a. 生产生态性：从生产生态学的角度，控制包括从纤维种植、养殖、生产到产品加工的全过程对环境无污染、产品自身不受"污染"。

b. 消费生态性：从人类生态学的角度，纺织品中残留有毒物质对人体健康无影响。

c. 处理生态性：从处理生态学的角度，在纺织品可回收利用、自然降解、废物处理过程中，其释放的有毒物对环境无害。

d. 监督全过程化：从事纤维、纱线、坯布、辅料、服装生产以及从事染整加工和其他与纺织品有关的生产商、经销商都必须经过认证，且证书是在有效期内的。

2. 纺织纤维（Textile Fibers）

纤维（Fiber）是天然或人工合成的细丝状物质。纺织纤维则是指用来加工纺织布的纤维。纺织纤维的使用性能、质量基本决定了纺织品质量的优劣。

文档4：纺织纤维介绍

纺织纤维具有一定的长度、细度、弹性、强力等良好物理性能，还具有较好的化学稳定性，棉花（Cotton）、毛（Wool）、丝（Silk）、麻（Line）等天然纤维都是理想的纺织纤维。

纺织纤维的种类很多，常见的分类有动物纤维、植物纤维、再生纤维、合成纤维等。

3. 纺织纱线（Yarn）

纺织纱线是一种纺织品，用各种纺织纤维加工成一定细度的产品，用于织布、制绳、制线、针织和刺绣等。

纺织纱线的细度有多种表示方法，例如号数、公制支数、英制支数、旦尼尔等（见支数）。纺织纱线的捻度用每米或每英寸①的捻回数表示。

文档 5：纺织纱线种类

（二）服装面料

面料（Fabric）作为构成服装成衣的主体材料，其品质性能直接影响到服装成衣的款式、质量和成本。因此，有必要先介绍面料的基本知识。

1. 面料的种类

面料的种类，如表 6-2 所示。

表 6-2 面料的种类

分类原则	面料名称
按面料织造方法	梭织面料、针织面料、非织造面料
按组织结构	平纹面料、斜纹面料、缎纹面料、提花面料等
按整理程度	原色面料（坯布）、染色面料、涂层面料、印花面料、色织面料等
按面料成分	全棉面料、化纤面料、真丝面料、全毛面料、全麻面料、混纺面料等
按面料厚薄	厚型面料、薄型面料

（1）梭织面料（Woven Fabric）

梭织面料也称机织物，是把经纱和纬纱相互垂直交织在一起形成的织物。其基本组织有平纹、斜纹、缎纹三种。种类主要有雪纺（Chiffon）、牛津布（Oxford）、牛仔布（Denim）、斜纹布（Drill）、法兰绒（Flannel）、花缎（Damask）等。

（2）针织面料（Knitted Fabric）

针织面料是用织针将纱线或长丝构成线圈，再把线圈相互串套而成。由于针织物的线圈结构特征，单位长度内储纱量较多，因此大多有很好的弹性。针织面料有单面和双面之分。种类主要有汗布（Single Jersey）、天鹅绒（Velvet）、网眼布（Mesh Fabric）等。

针织面料可分为纬编针织面料与经编针织面料两大类。

纬编针织面料是将纱线由纬向喂入，同一根纱线顺序弯曲成圈并相互串套而成的面料。最常见的毛衣即为纬编针织物。经编针织面料线圈的串套方向正好与纬编针织面料相反，是一组或几组平行排列的纱线，按经向喂入，弯曲成圈并相互串套。

---

① 1 英寸 = 2.54 厘米。

（3）非织造面料（Non-Woven Fabric）

非织造面料是由纺织纤维经黏合、熔合或其他机械、化学方法加工而成。主要有无纺布、黏合布等。

（4）平纹面料（Plain Weave Fabric）

平纹面料是指用经纱和纬纱每隔一根纱就交织一次（即1上1下）织成的织物。这种面料的特点是交织点多、质地坚牢、挺括、表面平整。高档绣花面料一般都是平纹面料。

（5）斜纹面料（Twiu Fabric）

斜纹面料是指用经纱和纬纱至少隔两根纱才交织一次（即2上1下或3上1下）织成的织物。织造这种面料一般采用添加经纬交织点，改变织物组织结构的工艺方法，因此也统称为斜纹织物。这种面料的特点是比较厚实，组织立体感较强。

（6）涂层面料（Coated Fabric）

涂层面料是指在织物表面涂覆或粘合一层高聚物材料，使其具有独特的外观或功能的面料。其工艺过程称之为涂层整理。经涂层整理的织物无论在质感还是性能方面往往给人以新材料之感。涂层面料的代表织物有防（羽）绒涂层面料、防水透湿涂层面料（如PVC和PU）、阻燃涂层面料、导电以及仿皮革等织物。

（7）印花面料（Printed Fabric）

印花面料是指用染料调制成色浆直接印在白色或浅色织物上形成花纹图案，其工艺简单、成本低、应用最多。通常的印制方法有平网印花、圆网印花、转移印花等。

（8）色织面料（Yarn-Dyed Fabric）

色织面料是指先将纱线或长丝经过染色，然后使用色纱进行织布的工艺方法，这种面料称为"色织布"，生产色织布的工厂一般称为色织厂。牛仔布及大部分的衬衫面料都是色织布。

（9）全棉面料（Cotton Fabric）

棉面料是指全部由天然棉纱纺织而成的面料。它多用来制作时装、休闲装、内衣和衬衫。其优点是轻松保暖、柔和贴身、吸湿性、透气性甚佳；其缺点则是易缩、易皱、外观上不太美观，在穿着前必须经过熨烫。

（10）化纤面料（Chemical Fabric）

"化纤"是化学纤维的简称，有人工纤维与合成纤维两大类。其面料是指用高分子化合物为原料制作而成的面料。其优点是色彩鲜艳、质地柔软、悬垂挺括、滑爽舒适；其缺点是耐磨性、耐热性、吸湿性、透气性较差，遇热容易变形，容易产生静电。

（11）真丝面料（Silk Fabric）

真丝面料是指全部以蚕丝为原料纺织而成的面料。它可被用于制作各种服装，尤其适合用来制作女士服装。其优点是轻薄、合身、柔软、滑爽、透气、色彩绚丽，面料富有光泽、高贵典雅；其缺点是易皱、易吸身、褪色较快。

（12）全毛面料（Au Wool Fabric）

全毛面料也称呢绒或毛料面料，它是指用各类纯羊毛、羊绒纤维纺织而成的面料。常被用于制作礼服、西装、大衣等服装。其优点是防皱耐磨、手感柔软、高雅挺括、富有弹性、保暖性强；其缺点是洗涤较为困难、易蛀。

(13) 全麻面料（Whole Linen Fabric）

全麻面料是指全部由天然的各种麻类植物纤维（如大麻、亚麻、苎麻、黄麻、剑麻、蕉麻等）经纺织制成的一种面料。一般被用来制作休闲装、工作装，也用于制作成夏装。其优点是强度极高、吸湿、导热、透气性甚佳；其缺点则是穿着不甚舒适，外观较为粗糙、生硬。

(14) 混纺面料（Blended Fabric）

混纺面料是指用天然纤维与化学纤维按照一定的比例混合纺织而成的面料。其特点是综合吸收了棉、麻、丝、毛和化纤各自的优点，又尽可能地避免了它们各自的缺点。通过调节各种纤维的比例，到达控制面料成本的目的。

以上所列的面料使用了不同的纤维，产生了不同的特性，必须采用合适的洗涤方法。在成衣制作完成后，必须配有成分标签和洗涤标签。

2. 面料的主要技术指标

(1) 长度指标（Length Index）

经向（Warp）：经纱密度面料长度方向，该向纱线称作经纱，其 1 英寸内纱线的排列根数为经密（经纱密度）。

纬向（Weft）：纬纱密度面料宽度方向，该向纱线称作纬纱，其 1 英寸内纱线的排列根数为纬密（纬纱密度）。

(2) 经纬密度（Threads Per Unit Length）

经纬密度用于表示梭织物单位长度内纱线的根数，纺织企业根据产品结构确定以 1 英寸或 10 厘米来表示纱线密度（根数）。如通常见到的"$45^S \times 45^S/110 \times 76$"表示经纱、纬纱的纱线支数（Yarn Count）分别为 45 支纱线，经向密度为 110 根/英寸，纬向密度为 76 根/英寸。

在一些化纤面料（如尼龙布和涤纶布）中，还有这样的表示法：190T，210T 或 230T 等，"190"表示单位面积（1 平方英寸）内经纬根数之和，"T"的含义是面料中单位面积有多少根纱。230T 的面料，说明单位面积内经纬根数之和为 230 根。因此，可以将"T"理解为该面料的经纬密度。同样，在日常工作中，可以使用专门的工具测算面料的实际密度。

(3) 幅宽（Fabric Width）

幅宽是指面料的有效宽度，一般用英寸或厘米表示。常见的尺寸有窄幅 36 英寸（91.44 厘米）、中幅 44 英寸（114 厘米）、宽幅 57~60 英寸（144~152 厘米）等。高于 60 英寸（152 厘米）的面料称为特宽幅，一般叫作宽幅布，我国特宽面料的幅宽可以达到 360 厘米。幅宽一般标记在密度后面，如"$21^S \times 21^S/108 \times 58/60$"，即表示面料的幅宽为 60 英寸（152 厘米）。

(4) 克重（Fabric Weight）

面料的克重一般为一平方米面料重量的克数，克重是针织面料一个重要的技术指标，粗纺毛呢通常也把克重作为重要的技术指标。牛仔面料的克重一般用"盎司①（OZ）"来表达，即每平方米面料重量的盎司数，如 4.5 盎司、7 盎司、12 盎司牛仔布等。丝绸类织物通常用"姆米（m/m）"表示，即每 1 姆米的重量为 4.305 6 克/平方米，如对于 12 m/m 的丝绸面料，其面料克重为 51.67 克/平方米。

---

① 1 盎司 = 28.350 克。

（5）色牢度（Colour Fastness）

色牢度是指面料在使用过程中常遇到摩擦（Rubbing）、汗渍（Perspiration）、洗涤（Washing）、日晒（Light）等情况，可能会使面料的颜色发生变化。其指标包括摩擦色牢度（Rubbing Fastness）、日晒色牢度（Light Fastness）、干洗牢度（Drycleaning Fastness）等。色牢度级数应直接用数字表示，如3级、4级等。一般而言，色牢度的级数要求在4级或4级以上。

（6）尺寸稳定性（Dimensional Stability）

尺寸稳定性又称缩水率（Shrinkage），它是指面料在洗涤或浸水后，面料收缩的百分数。一般来说，缩水率最小的面料是合成纤维及其混纺织品，其次是毛织品、麻织品，再次是棉织品，而缩水率最大的是粘胶纤维（人造棉）、人造毛类织品等。缩水率可以分成水洗缩率（Washing Shrinkage）和干洗缩率（Drycleaning Shrinkage）两种。

（三）服装

1. 服装成品规格检验

服装成品规格检验是用皮尺测量成品服装主要部位的规格尺寸，并与订单中的规格尺寸对照比较，检验误差要控制在允许范围内，并确定其缺陷类别和成品等级。服装成品规格测量部位和方法，如表6-3所示。

表6-3　服装测量部位和方法

部位名称	测量方法
领宽	领子平摊横量，立领量上口，其他领量下口
衣长（连衣裙长）	由前左侧肩缝最高点垂直量至底边（连衣裙量至裙底边）
胸围	扣好纽扣，前后身摊平，沿袖笼底缝横量（以周围计算）
袖长	由左袖最高点量至袖口边中间（衬衫量至袖头边）
连肩袖长	由后领窝中点量至袖口中间
总肩宽	由肩袖缝交叉处横量（男衬衫解开纽扣放平，由过肩两端1/2处横量）
袖口	袖口摊平横量（以周围计算）
裤长（裙长）	从腰上口沿侧缝摊平垂直量至裤脚口（裙子量至裙底边）
腰围	扣好裤钩（纽扣），沿腰宽中间横量（以周围计算）
臀围	从侧袋下口处前后身分别横量（以周围计算）

在跨境平台上，服装类产品页会有详细规格尺寸说明，如图6-3所示。

| Women's Shirt Size Chart ||||||||
| SIZE | BUST ‖ | SHOULDER ‖ | SLEEVE ‖ | LENGTH ‖ |||
	inch	cm	inch	cm	inch	cm	inch	cm
XXS	34.6	88.0	15.0	38.0	22.0	56.0	26.0	66.0
XS	36.6	93.0	5.6	39.5	22.4	57.0	26.8	68.0
S	38.6	98.0	16.1	41.0	22.8	58.0	27.6	70.0
M	40.6	103.0	16.7	42.5	23.2	59.0	28.3	72.0
L	43.3	110.0	17.5	44.5	23.6	60.0	29.1	74.0
XL	45.3	15.0	18.1	46.0	24.0	61.0	29.9	76.0
XXL	48.3	122.6	18.9	48.0	24.4	62.0	30.7	78.0

图 6-3　服装规格尺寸说明

2. 纺织品或服装中的标识

在纺织品或服装中，通常在成品的某个位置标有成分标识和洗涤保养标识。成分标识主要是让消费者知晓构成纺织品或服装的纺织材料的组成比例，以便让消费者根据各自的需求进行选择。而洗涤保养标识是让消费者知晓该商品的洗涤方法和保养方法。常见的洗涤保养标识，如表 6-4 所示。

表 6-4　常见的洗涤保养标识

图示符号	标识图示及含义			
洗涤符号	宜手洗 不可机洗	洗涤水温 低于 95 ℃		不宜水洗
熨烫符号	须垫布熨烫	低温 110 ℃		不宜熨烫
氯漂符号	可以氯漂		不可氯漂	

续表

图示符号	标识图示及含义		
干洗符号	○ 用普通干洗剂	Ⓟ 用任何干洗剂	⊗ 不宜干洗
干燥符号	□ 悬挂晾干	⊡ 不宜烘干机干燥	□ 平放晾干

第 4 部分　任务训练

跨境商品分类分析	
实训地点：校内实训室	建议学时：2
小组成员：	
实训成果： （一）店铺一的分类体系（实例说明，可截图） （二）店铺二的分类体系（实例说明，可截图)	

续表

（三）两种不同分类体系的差异

评分标准

评价指标	评价内容	分值	学生自评	小组互评	教师评价
职业素养	分工合理，相互协助	15			
	遵守行业规范，严谨认真	10			
	按时按质按量完成任务单	15			
专业能力	任务结果时效性强，数据准确	20			
	能采用信息化手段收集资料	15			
	创新性思维和能力	15			
	自学与发展能力	10			
合计		100			

指导教师： 日期：

课证融通·在线自测

任务 7　跨境商品质量分析

第 1 部分　情景导入

浙江诸暨霖德袜业有限公司跨境电子商务部主管章晓智通过调查了解不同店铺的商品分类体系，决定选用更合适的线分类法。接下来的任务是调查不同平台的选品规则和不同目标市场对产品质量的要求，以求能更准确地提供品质优异的商品。

第 2 部分　任务发布

一、实训目的
1. 认识跨境商品的质量
2. 了解影响商品质量的因素

二、实训组织
在教师的指导下，以小组为单位，围绕跨商品质量的主题，查阅资料，头脑风暴，并将结果进行整理和分析，提交任务单。

三、实训内容
选择某种商品，分析顾客对这种商品的质量需求，将顾客的需求转换成质量特性，并分析影响商品质量的因素。
1. 顾客质量需求
2. 商品质量特性
3. 影响商品质量因素

第 3 部分　学习引导

一、跨境商品质量的概念

商品质量是产品、过程或服务满足规定或潜在要求（或需要）的特征和特性的总和，有广义和狭义之分。广义的商品质量是指商品具有满足明确和隐含需要的能力的特性和特征的总和；狭义的商品质量是指商品具有满足明确和隐含需要的能力的特性的总和。

在跨境贸易中，一般是按具体货物的特点，选择一定的质量指标来表示商品的质量。例如，以性能用途、功率、自动化程度等指标来表示机床的质量；以灰分、含水、含硫、发热量黏度等指标来表示煤的质量；以面料、款式、颜色等来表示服装的质量；以含油量、含水量、杂质等指标来表示大豆的质量等。

服装作为出口的主要商品，是国外消费者日常穿着的必需品，它既具有防寒保护身体的作用，又起到美化人体的功能。对服装商品质量的基本要求，一般从材料、组织结构、机械性能和服用性能等角度。其中服用性能主要是指织品在穿用过程中舒适、美观、大方。服用性能涉及多个方面：缩水率、刚性、悬垂性，要求其符合规定标准；吸湿性、透气性要求其符合卫生要求；起毛、起球、花型、色泽、色牢度及外观疵点处理方面。

二、跨境贸易中表示商品品质的方法

在跨境电子商务贸易中，由于贸易的商品品种繁多，特点各有不同，所以商品品质表示的方法有所不同，主要包括凭实物和凭说明表示。

（一）凭实物表示品质

跨境贸易中有两种买卖是凭实物表示商品的品质，一是看货买卖，二是凭样品买卖。

1. 看货买卖（Sale by Actual Quality）

当采用看货买卖时，买方或其代理人通常先和卖方在约定的场所验看货物，一旦达成交易，卖方必须按双方查验过的货物交货。只要卖方交付的是查验过的货物，买方就不得对其品质提出异议。在跨境贸易中，某些商品具有独特的性质，如珠宝、首饰、字画、特定工艺品等，既无法用文字概括其质量，又不存在质量完全相同的样品。买卖双方只能看货洽商，按货物的实际状况进行交易。因此，看货成交买卖的方式使用相对有限，这种交易方式多用于拍卖、寄售和展卖业务中。

2. 凭样品买卖（Sale by Sample）

在跨境贸易中，有些商品难以用文字说明规定其品质而需要用样品来规定。所谓样品，通常是从一批商品中抽取出来，或者是由生产部门设计、加工出来的，这批少量样品可以用来代表整批货物品质。按样品提供者的不同，样品可分为以下几种：

（1）凭卖方样品（Seller's Sample）

由卖方提供的样品称为"卖方样品"。凡凭卖方样品作为交货依据的，称为"凭卖方样品买卖"。在这种情况下，合同中一般写明"品质以卖方样品为准"。买家应留存"复样"，以备将来交货或处理品质纠纷时作核对之用。日后卖方所交整批货的品质必须与其提供的样品相同。

（2）凭买方样品（Buyer's Sample）

"买方样品"是由买方提供的样品。凡凭买方样品作为交货依据的，称为"凭买方样品买卖"。在这一情况下，合同中应注明"品质以买方样品为准"。卖方在交整批货的品质必须与买方样品相同。

（3）对等样品（Counter Sample）

在跨境贸易中，卖方往往不愿意承接凭买方样品交货的交易，以免因交货品质与买方样品不符而招致买方索赔甚至退货的危险。在此情况下，卖方可根据买方提供的样品，加工复制出一个类似的样品交买方确认，这种样品称为"对等样品"或"回样"。当对等样品被买方确认后，则卖方所交货物的品质必须以对等样品为准。

（二）凭说明表示品质

在实际的跨境贸易中，除部分货物采用样品表示商品的品质外，大部分采用凭说明的方法，如亚马逊平台上服装的品质表示，如图 7-1 所示。凡是以文字、图表、照片等方式来说明商品品质的，均属于凭说明表示商品品质的范畴，具体可以分为以下几种情况。

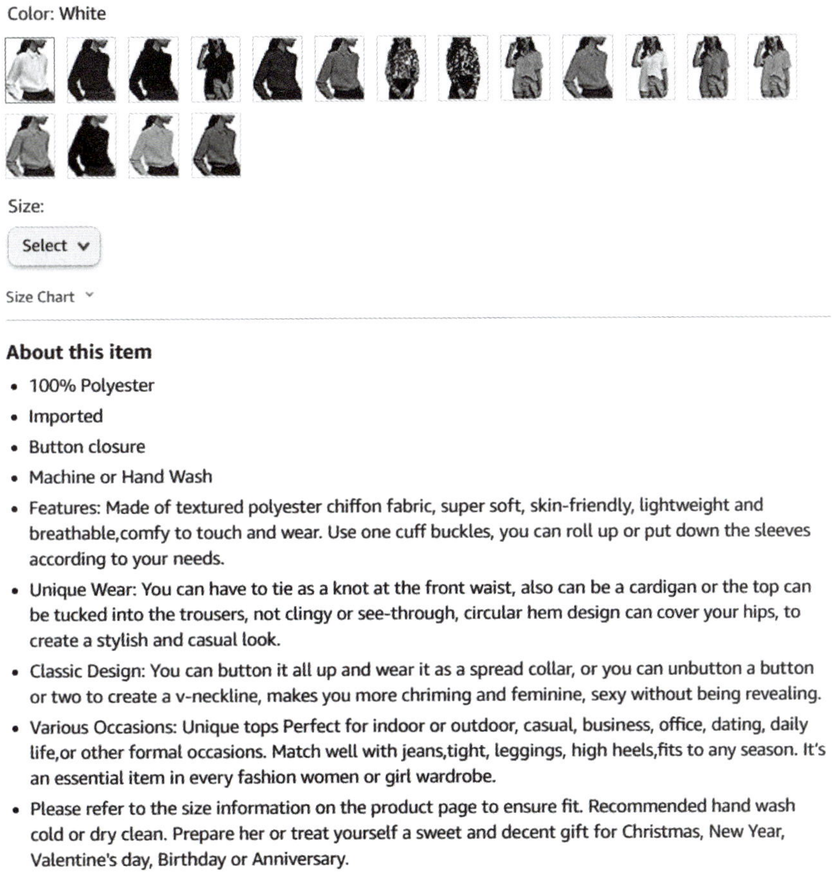

图 7-1　亚马逊平台上服装的品质表示图

1. 凭规格买卖（Sale by Specification）

商品规格（Specification of Goods）是指一些足以反映商品品质的指标，如化学成分、含量、纯度、性能、容量、长短、粗细等。在跨境贸易中，买卖双方洽谈交易时，对于凭规格买卖的商品，应提供具体规格来说明商品的基本品质状况，并在合同中注明。凭规格买卖时，说明品质的指标因商品而异，即使是同一商品，因用途不同，对规格的要求也会有所差异。例如，买卖大豆时，如用作榨油，就要求在合同中列明含油量指标；如用来食用，则不需要列明含油量，但蛋白质的含量就成为应当列明的重要指标。用规格表示商品品质的方法，具有简单易行、明确具体，且可根据每批成交货物的具体品质状况灵活调整的特点，故这种方法在跨境贸易中被广为运用。

2. 凭等级买卖（Sale by Grade）

商品的等级（Grade of Goods）是指同一类商品，按其规格上的差异，分为品质优劣各不相同的若干等级。如我国出口的砂，根据其三氧化钨和锡含量的不同，可分为特级、二级和三级 3 种，而每一级又有相对固定的规格。

凭等级买卖时，由于不同等级的商品具有不同的规格，为了便于履行合同和避免争议，在品质条款列明等级的同时，最好一并规定每一等级的具体规格。当然，如果交易双方都熟悉每个级别的具体规格，也可以只列明等级，无须规定其具体规格。商品的等级，通常是由制造商或出口商根据其长期生产和了解该商品的经验，在掌握其品质规格的基础上制定出来的，它能满足各种不同的需要，也能根据不同需要来安排生产和加工整理，这种表示品质的方法，对简化手续、促进成交和体现按质论价等方面都有一定的作用。但是，应当说明，由个别厂商制定的等级本身并无约束力，买卖双方洽商交易时，可根据合同当事人的意思予以调整或改变，并在合同中具体列明。

3. 凭标准买卖（Sole by Standards）

商品的标准是指将商品的规格和等级予以标准化。商品的标准，有的由国家或有关政府主管部门规定，也有的由同业工会、交易所或国际性的工会组织规定，在跨境贸易实践中，有些商品习惯于凭标准买卖，往往使用某种标准作为说明和评定商品品质的依据，例如：医用口罩等。

4. 凭说明书和图样买卖（Sale by Descriptions and Illustrations）

在跨境贸易中，有些机器、电器和仪表等技术密集型产品，因其结构复杂，对材料和设计的要求非常严格，用以说明其性能的数据较多，很难用几个简单的指标来概括其品质。同时，有些产品，即使名称相同，但由于所使用的材料、设计和制造技术的某些差别，也可能导致功能上的差异。因此，对这类商品的品质，通常是以说明书并附以图样、照片、设计、图纸、分析表及各种数据来说明其具体性能和结构特点。按此方式进行交易，称为凭说明书和图样买卖，例如：电视、冰箱等家电产品。

5. 凭商标和品牌买卖（Sale by Trademarks and Brands）

商标（Trade Mark）是指厂商用来识别其所生产或出售的商品的标志，它可由文字、字母、图案等组成。品牌（Brand Name）是指工商企业给其制作或者销售的商品所取的名称，以便与其他企业的产品区别开来。速卖通平台 AE MALL Store 页面如图 7-2 所示。

图 7-2　速卖通平台 AE MALL Store 页面

当前，国际市场上销售的商品大都有商标或者品牌，如日用、加工食品、耐用消费品等。各种不同商标的商品具有不同的特色。随着平台上商家日益强大，全球速卖通出现了越来越多成交规模大、影响力大的国货品牌。为了打造优秀的商家、实力的品牌，全球速卖通推出了 AE Mall 赛道，目的是帮助中国优质品牌出海，提高品牌影响力，以更高的姿态进入全球速卖通。

6. 凭产地名称买卖（Sole by Origin）

在跨境贸易中，产品受自然条件、传统加工工艺等因素影响，在品质和其他产区方面有着不同的风格和特点，对于这类产品，可以使用产地名称来表达品质，比如"西湖龙井""云南普洱"等。亚马逊平台茶叶产品展示页面如图 7-3 所示。

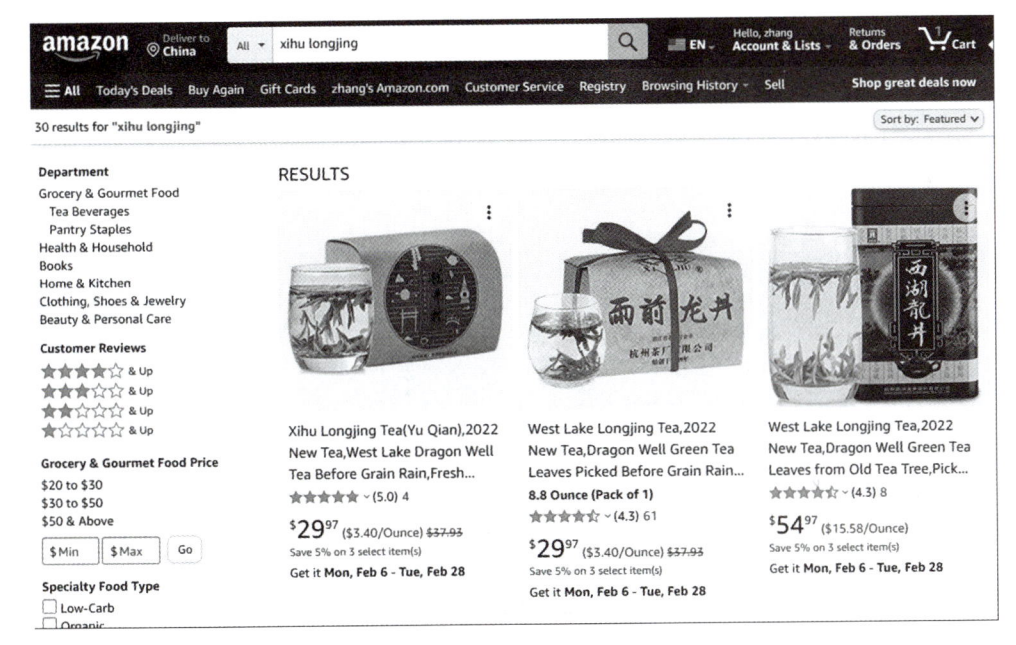

图 7-3 亚马逊平台茶叶产品展示页面

第4部分　任务训练

跨境商品质量分析	
实训地点：校内实训室	建议学时：2
小组成员：	
实训成果： 选择某种商品，分析顾客对这种商品的质量需求，并将顾客的需求转换成质量特性，并分析影响商品质量的因素。 （一）顾客质量需求 （二）商品质量特性	

续表

（三）影响商品质量因素

评分标准

评价指标	评价内容	分值	学生自评	小组互评	教师评价
职业素养	分工合理，相互协助	15			
	遵守行业规范，严谨认真	10			
	按时按质按量完成任务单	15			
专业能力	任务结果时效性强，数据准确	20			
	能采用信息化手段收集资料	15			
	创新性思维和能力	15			
	自学与发展能力	10			
合计		100			

指导教师： 日期：

课证融通·在线自测

任务 8　跨境商品包装分析

第 1 部分　情景导入

浙江诸暨霖德袜业有限公司跨境电子商务部主管章晓智通过分析跨境商品的分类体系，以及跨境商品的质量，进一步完善公司店铺选用的商品体系，并针对不同目标市场投放不同的优质商品。接下来需对商品包装分析，以适应不同目标市场消费者的消费习惯。

第 2 部分　任务发布

一、实训目的
1. 认识跨境商品包装
2. 了解不同国家对商品包装的要求

二、实训组织
在教师的指导下，以小组为单位，围绕跨境商品包装的主题，查阅资料，进行整理和分析，提交任务单。

三、实训内容
1. 结合"买椟还珠"故事，试论商品的包装
2. 针对目标市场国家的风俗习惯，分析包装要求

第 3 部分　学习引导

一、包装的定义

包装（Packaging）是指为在流通过程中保护产品，方便储运，促进销售，按一定的技术方法所用的容器、材料和辅助物等的总体名称。

二、商品包装功能

适当的商品包装，对保护、保存商品，美化、宣传商品以及方便商品的存储、运输、销售等方面有着重要的意义。包装的功能主要体现在以下 3 个方面。

1. 保护功能

保护功能是商品包装最基本的功能。卖家根据商品的形态、特征运输环境、销售环境等因素，合理地选择包装材料，设计包装结构，使出口商品的品质和数量在运输、储存、销往国外市场的过程中不受损、不变质、不散失。

2. 方便性功能

出口商品包装方便生产、装填、储运和装卸、陈列与销售、开启、使用、回收、处理或

重复使用。

3. 信息传递功能

出口商品包装上的各种标识、文字、色彩等均可传递商品的信息。不同的包装不仅可以传递运输货物的信息，而且可以传递有关商品的牌号、性质、成分、容量、使用方法、生产单位等信息，起到一定的广告作用，便于消费者识别，从而达到扩大销售的目的。

三、商品包装分类

根据包装在流通过程中所起作用的不同，将商品包装分为运输包装和销售包装两大类。

1. 运输包装（Transport Packing）

运输包装又称大包装、外包装（Outer Packing）。运输包装的种类根据包装方式的不同，主要可分为：

（1）箱（Case）

不能紧压的货物通常装入箱内。箱按不同的材料，分为木箱（Wooden Case）、板条箱（Crate）、纸箱（Carton）、瓦楞纸箱（Corrugated Carton）等。

（2）桶（Drum/Cask）

液体、半液体以及粉状、粒状货物常用桶装。桶分木桶（Wooden Drum）、铁桶（Iron Drum）、塑料桶（Plastic Cask）等。

（3）袋（Bag）

粉状、颗粒状、块状的农产品及化学原料常用袋装。袋分麻袋（Gunny Bag）、布袋（Cloth Bag）、纸袋（Paper Bag）、塑料袋（Plastic Bag）等。

（4）包（Bundle/Bale）

羽毛、羊毛、棉花、生丝、布匹等可紧压的商品，先经机压打包，压缩体积后，再以棉布、麻布包裹，外加箍铁或塑料带，捆包成件。

除上述单件包装外，还有将一定数量的单件包装组合成一件大的包装或装入一个大的包装容器内的集合运输包装，如托盘（Pallet）（图 8-1）、集装袋（Flexible Container）（图 8-2）等。

图 8-1　托盘 　　　　　　　　　　图 8-2　集装袋

2. 销售包装（Selling Packing）

销售包装，又称小包装（Small Packing）、内包装（Inner Packing），是在出口商品制造出来后，以适当的材料或容器所进行的初次包装。销售包装除了保护商品的品质外，还能美

化商品，宣传推广，便于陈列展销，吸引顾客，方便消费者识别、选购、携带和使用，从而起到促进销售，提高商品价值的作用。

根据出口商品的特征，销售包装可采用不同的包装材料和造型样式。常用的销售包装有以下几种。

（1）挂式包装

在商店货架上悬挂展示的包装，其独特的结构，如吊钩、吊带、挂孔等，可利用货架的空间陈列商品。

（2）堆叠式包装

这种包装主要是指包装的顶部和底部有吻合装置可以上下堆叠咬合，其特点是堆叠稳定性强，节省货位，常用于听装的食品罐头或瓶装、盒装商品。

（3）便携式包装

便携式包装是指包装的造型和比例设计适合消费者携带的包装，如有提手的纸袋、塑料袋等。

四、跨境商品包装的要求

商品包装一定要适合不同国家、不同地区、不同消费者的文化特性、风俗习惯、宗教信种、偏好和禁忌，防止按照"自我参考标准"来设计包装。部分国家对包装的要求如表8-1所示。

表8-1 部分国家对包装的要求

国家	对包装的要求
阿拉伯	禁用六角星图案，凡是集装箱运输的，必须使用组装托盘；食品、饮料等产品需要使用阿拉伯文说明
美国	禁止使用稻草作为包装材料，木质包装必须经过熏蒸或防腐处理，外包装上必须显示原产地，使用或销售的包装或包装材料中禁止使用铅、汞、镉等金属，其检出含量必须低于0.01%
加拿大	箱体必须使用英法文对照，木质包装必须经过熏蒸或防腐处理
澳大利亚	木质包装材料必须经过熏蒸且提供熏蒸证明，严禁使用稻草类包装材料和二手麻袋
英国	严禁使用稻草类包装材料
菲律宾	禁止使用二手麻袋及其制品，稻草、草席等包装材料，麻袋入境前必须经过熏蒸

五、销售包装上的装潢和文字说明

商品销售包装上的装潢和文学说明，是美化商品、宣传商品、吸引消费者，使消费者了解商品特性和妥善使用商品的必要手段。装潢和文字说明通常直接印在商品包装上，也采用在商品上粘贴、加标签、挂吊牌等方式。亚马逊平台某一品牌的绿茶包装，如图8-3所示。

图8-3 亚马逊平台某一品牌的绿茶包装

包装装潢设计要求主要有以下几点。

（1）包装装潢设计的科学合理性

一方面，采用新的科技成果、设计方法，都能使包装装潢产生新的形象。另一方面，设计应具备科学性、合理性、便利性，这是保护消费者利益的要求。同时，包装装潢要突出内装商品，图案要醒目，色彩要明快悦目，文字说明要流畅、简明，造型要美观、实用。

（2）包装装潢设计的独特性

市场上的商品包装琳琅满目，如何让产品包装能够脱颖而出，这就需要创新，标新立异。装潢设计只有风格独特，不落俗套，才有可能在与同类商品的销售竞争中获胜。

（3）包装装潢设计的针对性

出口商品专门针对某一范围内的消费群，在包装的表现上需要突出显示。针对某一特定市场的产品，可以在包装上表现出该特定市场的特色，如文化传统、消费者习惯等。

（4）包装装潢设计的适应性

由于国外和国内在适应性设计方面存在着差异，不同的民族、国家，不同的文化特征和社会背景都会使商品的使用者产生不同的喜好和认识，进而影响到他们的消费心理。为适应这些需要，商品包装的装潢设计也应当及时转变设计思路，在适应国内消费者习惯的同时，还要考虑到适应国外消费者的习惯，设计出国内外通用的包装。

（5）包装装潢设计的协调性

文字说明通常包括商品名称、商标品牌数量规格、成分构成与使用说明等内容。这些文字说明应与销售包装的装潢画面紧密结合、和谐统一，以达到树立产品及企业形象，提高宣传和促销的目的。

（6）包装装潢设计要满足消费者心理

商品的包装装潢设计应有助于消费者对商品和制造厂家产生信任，还应有助于显示商品的社会属性，这些因素都应该是设计者要考虑的。消费者要通过商品的包装来显示自己的社会地位、身份和经济实力。

第4部分　任务训练

跨境商品包装分析	
实训地点：校内实训室	建议学时：2

小组成员：

实训成果：
（一）结合"买椟还珠"故事试论商品的包装

（二）产品包装分析
1. 举例某一产品包装（可用截图）

续表

2. 针对目标市场国家的风俗习惯，分析包装要求

评分标准

评价指标	评价内容	分值	学生自评	小组互评	教师评价
职业素养	分工合理，相互协助	15			
	遵守行业规范，严谨认真	10			
	按时按质按量完成任务单	15			
专业能力	任务结果时效性强，数据准确	20			
	能采用信息化手段收集资料	15			
	创新性思维和能力	15			
	自学与发展能力	10			
合计		100			

指导教师： 　　　　　　　　　　　　　　　日期：

课证融通·在线自测

任务 9　跨境商品货源选择

第 1 部分　情景导入

浙江诸暨霖德袜业有限公司跨境电子商务部主管章晓智经过对跨境商品的分析，构建出公司店铺的商品分类体系，并针对目标市场设计出合适的商品包装。在公司已有产品类别的基础上，增加其他商品采购，满足了客户需求。下一步，章晓智需对商品货源进行调查分析，选择合适的货源，降低企业经营成本。

第 2 部分　任务发布

一、实训目的
1. 认识跨境商品
2. 了解选品的注意事项
3. 熟悉货源供给

二、实训组织
在教师的指导下，以小组为单位，围绕跨境商品如何选品的主题，查阅资料，进行整理和分析，提交任务单。

三、实训内容
1. 以加拿大市场为例进行选品分析
2. 货源选择

第 3 部分　学习引导

一、跨境选品的考量因素及注意事项

从海外市场角色关系上看，选品指选品人员从供应市场中选择适合目标市场需求的商品。一方面，选品人员要把握目标市场的需求。另一方面，选品人员还要从众多供应市场中选出质量、价格、外现最符合目标市场需求的商品。成功的选品，应该达到供应商、客户、选品人员三者共赢的结果。选品是决定跨境电子商务成功与否的关键。由于需求和供应处于不断变化之中，因而选品也是从事跨境电子商务企业的日常工作。

视频 6：选品考量因素

1. 选品的考量因素

选品的考量因素包括：商品生命周期的上升期、便于运输、售后简单、附加值高、具有独特性、价格合理、合法合规，如图 9-1 所示。

图 9-1 跨境选品考量因素

（1）商品生命周期的上升期

处于生命周期上升期的跨境商品的市场潜力大、利润率高，跨境电子商务的商品利润率基本达到 50% 以上，甚至达到 100%。

（2）便于运输

商品尽量做到体积小、重量轻、易于包装、不易破碎，这样可以大大降低物流成本和物流环节中货损的概率。符合这一特征的商品如手机壳、手机膜、手机支架、耳机等手机周边商品。

（3）售后简单

商品尽量不需要售后服务或售后服务简单，便于操作，不需要组装或安装。需要有使用指导、安装指导等售后服务的商品不适合作为跨境电子商务的选品，否则会加大后期客户服务成本，一旦处理不当，会直接影响客户的购物体验及评价。

（4）附加值高

商品价值低于运费的商品不适合单件销售，可以打包出售，以降低物流成本。

（5）具有独特性

有独特的功能或商品设计，包括独特的商品研发、包装设计等，这样的商品能激发买家的好奇心和购买欲望。

（6）价格合理

商品的在线交易价格如果高于其在目的国当地的市场价，或者偏高于其他在线交易价格，就无法吸引买家在线下单。

（7）合法合规

不能违反平台的规定和国家的法律法规，特别是不能销售盗版、仿冒或违禁品。这种商家赚不到钱，甚至还要付出违反法律的代价。

二、选品的注意事项

很多国内线上可以自由销售的商品，在跨境电子商务交易中是被禁止销售的，如植物。所以，卖家在选择出口跨境电子商务商品时，要做到以下几点。

1. 符合平台特色，遵循平台规则

例如，速卖通和亚马逊是不一样的。速卖通以铺货模式为主，一个店就可以面向全球不同国家的消费者，快速推广商品，这个平台的特点是需要大量的、多种类的商品，卖家要选择多品类的商品进入平台。亚马逊是一个以产品为中心的平台，以主打精品模式为主，亚马逊对商品质量的要求比较高，卖家就要选择质量比较好的商品。各个跨境电子商务平台的规则不同，卖家选品时必须了解和遵循各平台的规则。

视频7：跨境电子商务经营模式：铺货模式

2. 最大限度地满足目标市场的需求

卖家在进行选品的时候需要以客户的需求为导向发现刚需品。每个人都离不开衣食住行的商品，这类商品无处不在，卖家要时刻关注日常小细节，深入了解目标市场消费者的实际需求。

需要注意的是，跨境电子商务的目标市场主要包括美国、欧洲、日本、东南亚等国家和地区。不同的市场意味着不同的消费者习惯、语言、文化宗教信仰、物流运输方式甚至汇率结算方式，卖家需要有针对性地采取差异化的选品策略。

（1）价格方面

在美国和西欧一些主流国家，有相当一部分买家关注的是品牌和品质，而东南亚地区的买家更加关注价格。

（2）消费偏好

因为每个目标市场中的消费者偏好不一样，所以在选品的时候，市场非常重要，要根据不同的地区特点，选择适合的产品销售。

（3）卖家资源

选择跨境市场取决于卖家对市场的兴趣，以及与企业的资源是否匹配。如果卖家有外贸加工厂，主要出口欧美市场，那么卖家可以优先考虑欧美市场，将自己订单加工的经验最大化地利用。如果卖家本身是中间商，可以考虑东南亚市场，东南亚地区消费习惯和文化跟中国有较多相似的地方。

以亚马逊美国站为例，卖家选品的过程中需要注意的问题如下。

首先，商品认证和审核手续问题。在美国销售商品，首先要考虑的就是外观侵权、食品卫生安全认证、商品安全认证等。美国漫威的产品非常有名，在美国违规销售漫威产品稍有不慎就会引发侵权纠纷，轻者下架警告，重者直接销号。

其次，美国对于进口类商品的审核非常严格。某国某公司曾经出口一款水杯，发到美国海关时，海关要求其出示各种认证资料。大部资料要求必须经过美国当地的认证，这款水杯由于认证不符合要求，最后的结果是必须下架。

最后，商品差异化优势和质量优势。美国人非常注重商品的工艺，所以商品的细节必须处理好。同时，具有差异化优势的商品在美国的销量会比较好。例如，在美国销售USB线，

1.5 米线的销量并不好，价格再低都不好卖；可是，20 厘米线和 2 米线的 USB 线销量却非常好，这就是差异化的优势。

三、选品的分类与方法

1. 选品的分类

（1）主动选品

主动选品指卖家通过对目标市场的了解或者对某个行业的了解，主动去研发或者寻找商品。以蓝牙音响为例，进行主动选品时，卖家需要对目标市场的蓝牙音响了如指掌，哪款是新开发出来的，哪款是用来低价走量的，哪款是走高端高利润策略的。根据分析的结果，卖家可以针对公司的具体情况来自主选择。

（2）被动选品

被动选品指卖家参考其他多数卖家的数据，根据近期销量比较好的爆款来决定自己销售的商品。

为了能够提高选品的效率和质量，卖家在选品时最好能够将主动选品与被动选品有机结合起来。

2. 选品方法

（1）目标市场分析

选品时，卖家要提前对目标市场进行分析，掌握当地消费者的生活习惯、业余爱好以及节假日等基本情况，同时也要参考国内外相关数据信息，为选品提供依据。

（2）数据分析

数据分析是通过对各个节点业务数据的提取、分析及监控，让数据作为卖家决策的有效依据，作为业务运营中的统一标准。从数据来源看，数据分析分为外部数据分析和内部数据分析。

①外部数据分析

外部数据分析是指卖家综合运用各种外部分析工具，全面掌握品类选择的数据依据。例如，通过 Google Trend 工具分析品类的周期性特点，把握商品开发先机；借助 Keywords Spy 工具发现品类搜索热度和品类关键词；借助 Alexa 工具选出至少 3 家品类卖家，作为主要目标市场的竞争对手，作为目标市场商品详情页分析的依据。

②内部数据分析

卖家可通过平台分析工具获得上架商品的销售信息（流量、转化率、跳出率、客单价等），分析哪些商品销售得好，从选品成功和选品失败的案例中积累经验和教训，再结合外部数据分析，提高选品的水平。

四、货源的选择

出口货物货源的选择一般有两种渠道：一种是线下货源，另一种是线上货源。

1. 线下货源

线下货源主要是指实体店的货源，包括工厂、专业批发市场以及线下的行业展会、交易会。

(1) 工厂

卖家通过实地考察找到货源，虽然这种方式的时间和人力成本会比较高，但不管是质量还是稳定性方面都会比较有保障。此外直接到工厂拿货，价格方面也比较有优势，极大可能找到性价比高的货源。工厂出货一般要有订货量的要求，对于中小卖家来说，会存在囤货、库存的压力。

(2) 专业批发市场

如果卖家的资金比较充裕，可以选择当地的产品专业市场进货。卖家可以先确定好自己的选品，再考虑这些聚集区的工厂选择销售的商品。

(3) 线下的行业展会、交易会

不同的展会聚集大量的优质供应商。卖家可以通过现场收集意向产品、了解产品细节、与供应商面对面沟通的方式来选择供应商比较高效。深圳、广州、浙江、杭州等地每年都会有几场大型选品大会，参加的人员包含供应商、卖家、分销商等。卖家可以在这些大会中咨询，寻找合适货源的供应商。

2. 线上货源

线上货源主要包括 1688 平台和跨境分销平台。

(1) 1688 平台

1688 平台作为全球领先的采购批发平台，在 2017 年上线了跨境专供板块，专为跨境卖家供货。1688 平台跨境专供板块跨境采购一站式工作台，如图 9-2 所示。

图 9-2 1688 平台跨境专供板块跨境采购一站式工作台

跨境专供板块包括女装、服饰配件、运动户外、数码家电等品类，货源相对齐全。同时，平台货源有产品描述、图片、尺码、认证等信息，方便跨境卖家选品。作为批发平台，支持小批量批发，支持一件代发、五件起批。中小卖家通过 1688 平台采购可以降低备货资金压力，在资金方面，平台能够使用 E 诚赊，便于中小卖家资金周转。

(2) 跨境分销平台

目前，不少中小卖家会选择跨境分销平台进货。和其他平台相比，分销平台产品有质量保障和价格优势。从分销平台上进货，卖家可以先出单，再进货，还能锁定库存货源，大大降低囤货风险。而且，分销平台会提供一件代发服务，在缩短物流、降低库存方面都比较具有优势。

跨境分销平台主要包括环球易购的环球华品网、赛维的华成云商、出口易分销平台（如图9-3）、红蚁智能、麦小宝、沃德实业等。

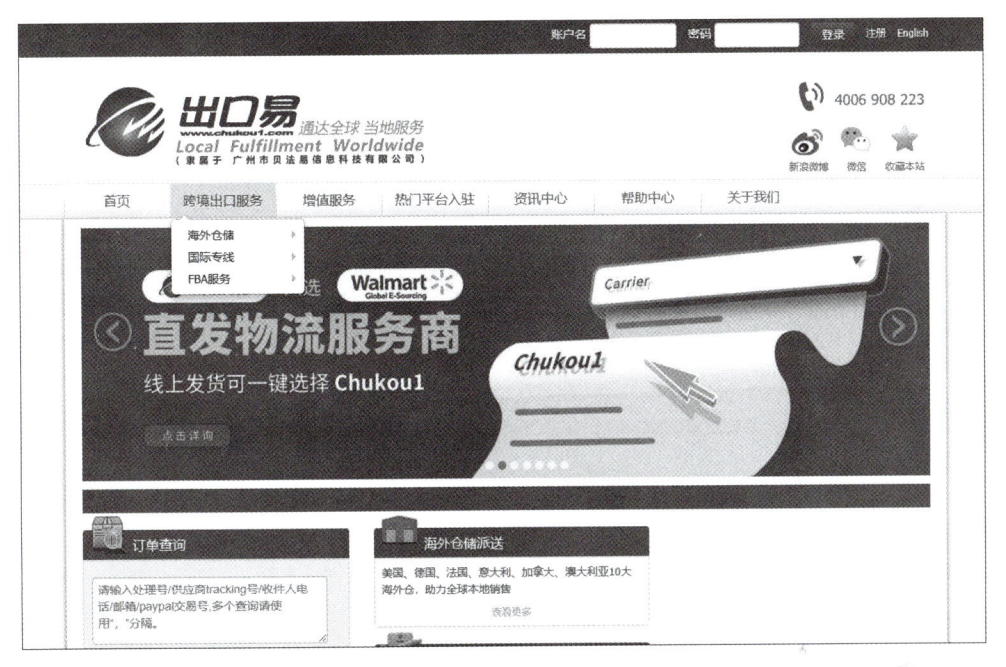

图9-3　出口易分销平台

第4部分　任务训练

跨境商品货源选择	
实训地点：校内实训室	建议学时：4
小组成员：	

实训成果：
（一）以×××（举例：加拿大）市场为例进行选品分析

（二）货源选择
1. 线下货源
（1）专业批发市场

（2）工厂货源

续表

2. 线上货源

（1）网上批发

（2）网店代销或代理

评分标准

评价指标	评价内容	分值	学生自评	小组互评	教师评价
职业素养	分工合理，相互协助	15			
	遵守行业规范，严谨认真	10			
	按时按质按量完成任务单	15			
专业能力	任务结果时效性强，数据准确	20			
	能采用信息化手段收集资料	15			
	创新性思维和能力	15			
	自学与发展能力	10			
合计		100			

指导教师：　　　　　　　　　　　　　　日期：

课证融通·在线自测

任务 10　跨境商品定价分析

第 1 部分　情景导入

浙江诸暨霖德袜业有限公司跨境电子商务部主管章晓智解决选品问题后，又面临定价问题。价格太高商品就会丧失竞争力，定价太低又无法从中赚取利润。章晓智需明确价格构成、定价要领以及定价策略。

第 2 部分　任务发布

一、实训目的
1. 认识跨境商品价格构成
2. 掌握跨境商品定价策略

二、实训组织
在教师的指导下，以小组为单位，围绕跨境商品定价的主题，查阅资料，进行整理和分析，提交任务单。

三、实训内容
1. 核算 LP 价格
2. 选择某种商品，分别借助基于竞争对手定价、基于成本的定价以及基于商品价值定价三种策略进行定价

第 3 部分　学习引导

一、跨境商品的价格构成和定价要点

（一）跨境商品的价格构成

跨境电子商务经营的核心目的是盈利，商品价格取决于成本和利润，利润＝商品价格－成本。所以，作为跨境卖家要清楚商品实际的成本，这是后期商品定价的基础。商品的实际成本一般由下面几部分组成：进货成本（商品采购价格、快递成本、破损成本）+跨境物流成本+跨境电子商务平台成本（包括推广成本、平台年费、平台活动费用）+售后维护成本（包括退货、换货、破损成本）+其他综合成本（人工成本、跨境物流包装成本等）。

视频 8：跨境商品定价

1. 进货成本

进货成本指跨境卖家从货物供应商处采购商品的成本，一般包括商品工厂的进价和国内段物流成本。在进行跨境商品定价之前首先应该了解处于这个行业商品采购价格是不是具备优势，供应商的价格必须具备一定的市场竞争力，这样才可能拥有足够的利润空间去做运营

和推广。

2. 跨境物流成本

跨境物流成本是商品实际成本的重要组成部分，根据跨境物流模式会有不同的选择。跨境电子商务卖家在销售产品的时候通常会写上"包邮"（Free Shipping）。在跨境商品标价里，包邮的方式比较吸引客户。所以，卖家一定要将跨境物流费用计算在商品价格之中。

3. 跨境电子商务平台成本

跨境电子商务平台成本是指跨境平台运营相关费用，如入驻费用、成交费用、推广费用、平台年费等，其中最为核心的是推广费用。如阿里巴巴速卖通平台的P4P（Pay for Performance）推广费用。卖家对于商品的推广投入成本应该谨慎且要有非常详细的预算，一般资金投入建议是（工厂进价+国际物流成本）×（10%~35%）。目前，Shoppe和Wish不收入驻费用，其余平台都要收。就成交费用而言，阿里巴巴速卖通平台佣金统一按8%核算；而亚马逊企业店铺月租为39.9美元，每件产品平台收取销售佣金15%，其他的平台也有相应规定。跨境电子商务平台成本越高，商品的价格就会越高，就越不具备价格竞争力。

4. 售后维护成本

由于跨境产品是从国内发货，线长、点多、周期长，经常会出现一些商品破损、丢件甚至客户退货退款的纠纷。因此，售后维护成本是跨境卖家必须要考虑的成本支出。跨境卖家在核算成本的时候应该把这个成本明确核算进去，核算的比例一般是（进货成本+国际物流成本+推广成本）×（3%~8%）。

5. 其他综合成本

其他综合成本包括人工成本、办公成本、跨境物流包装成本等。

6. 利润率

利润率是跨境卖家需要考虑的重要因素，也是跨境电子商务卖家需要考虑的因素，利润率越高，商品的售价也就越高。

（二）跨境电子商务卖家定价要点

1. 注意数量单位

跨境电子商务卖家要注意数量单位，如piece和lot。跨境电子商务卖家如果出现这样的原则性问题，会导致订单成交后影响到收益。此外，应根据不同商品数量制定不同价格来吸引客户下单。

2. 避免随意定价

随意变动定价是跨境电子商务中小卖家容易犯的错误。定价随意改动会导致顾客认为卖家价格核算不专业，买贵了的客户会心理不平衡，认为自己买亏了。所以，卖家定价要细致严谨，在制定价格之前要做好调研，不要随意改变价格。

3. 注意合理的销售方式

跨境电子商务卖家需要根据销售商品的不同特点制定非常严谨的定价和销售策略，有些商品需要分件卖，有些商品需要分批卖，低于1美元的商品一般建议分批卖。

4. 要进行充分的市场调研

跨境中小卖家要多了解自己的同行和竞争对手，定价之前要在目标平台输入产品的关键词，查看自己产品的价格在平台属于什么水平。如果自己的商品没有特别具有竞争力的同行，一般建议利润水平不高于25%。

5. 注意 C 类买家和小 B 类买家的区别

跨境电子商务 C 类买家的特点是购买的数量较少，一般只是购买单件产品，但是他们对于销售服务的要求高。对于这类买家，商品价格一般定为正常的零售价格。同时，跨境平台也有一批小额批发商（小 B 类买家），他们的特点是产生的订单较小，希望能够获得优惠的价格。小 B 类买家只要认可产品，会持续地采购商品。因此，卖家要特别重视这类买家的需求。

6. 精准的国际物流快递核算

跨境电子商务卖家对于商品的包装和重量要做精心的计算，选择可靠、价格实惠的跨境物流公司和坚固便宜的商品包装。同时，卖家在标价的时候要将物流费用包含到商品的单价中，提供包邮的服务。通过节省买家国际物流费用来培养一批忠实的买家。

7. 了解商品目标市场销售价格

跨境电子商务卖家要通过网站去了解目标市场所售商品的零售价格，以此来确定自己的销售价格。如果销售价格和目标市场的价格差别不大，价格竞争力较低，买家下单的可能性就相对较小。

8. 考虑汇率

对于有稳定销量的跨境电子商务卖家而言，要考虑国际市场的汇率，将汇率的因素考虑进定价当中，以此来规避汇率变化带来的损失。

9. 考虑平台收汇扣费成本

无论是哪个跨境电子商务平台，单笔美元收汇都有较高的收汇成本。因此，跨境电子商务卖家需要将此成本考虑进商品定价中。另外，跨境电子商务卖家应尽量在累积较大余额的时候去平台提现，这样能最大限度降低提现成本。

（三）跨境电子商务平台的价格调研

对于跨境电子商务卖家而言，只有进行充分的市场调研，做到知己知彼，不断调整价格，商品才能真正具备竞争优势。一般要从下面几个核心入手。

1. 商品价格

跨境卖家在定价之前要进入跨境电子商务平台，如速卖通、亚马逊、Wish 等，选择要调研的商品，统计前几页的商品价格，并计算出平均的价格水平。卖家根据计算出的价格判断自己店铺的商品是否具有价格优势。

2. 市场竞争程度

入驻速卖通、亚马逊、Wish 等跨境电子商务平台之前，跨境电子商务卖家可以从以下维度来进行调研。第一，商品竞争者的数量。如果行业竞争激烈，商品定价只会越来越低。第二，地区的分布。跨境卖家要关注同一地区竞争对手的数量，竞争对手越多，价格的溢价能力就越差。最后，卖家还要仔细分析竞争对手的综合实力，包括对手店铺的综合能力、品类、营销推广能力等。

3. 店铺商品的差异化

跨境卖家在经营过程中要关注商品的个性化和差异化，在商品拍摄、店铺装修、商品的包装等方面都要有自己的个性和特色，拒绝同质化竞争和千篇一律的重复。差异程度越高意味着商品价格溢价的能力越强，所以卖家要关注这一点。

二、跨境电子商务商品的定价策略

为所销售的商品设定合适的价格需要跨境卖家利用传统的销售定价策略。了解传统的、最受欢迎的零售电商定价策略，有助于卖家混合使用这些不同的定价策略，为所销售的商品设定一个最合适的价格，既给顾客一个合理的价格，又能赚取更多的利润。

（一）跨境电子商务商品的传统定价策略

跨境电子商务卖家经常使用的、传统的商品定价策略主要有：基于成本的定价、基于竞争对手的定价和基于商品价值的定价。

1. 基于成本的定价

跨境电子商务卖家不用进行大量的顾客调研或市场调研就可以按照成本直接进行定价。卖家要想运用基于成本的定价策略，就需要知道商品的成本，并提高标价以创造利润。这种定价被称为"稳重定价"。

该定价策略的计算方式为：价格＝成本＋期望的利润额。

以衬衫卖家为例。买家购买一件衬衫，衬衫成本是 8 美元，平均运费是 3 美元，总成本约为 11 美元。如果卖家每件衬衫想赚取 5 美元的利润，价格就应该定为 16 美元。

同时，跨境卖家也可以使用百分比来定价，可以在商品成本上加上期望的利润率来定价。

例如：商品成本是 5 美元，按照速卖通目前的平均毛利润率（15%）、速卖通佣金费率 5%，以及部分订单产生的联盟费用 3%~5% 进行计算。销售价格＝5×(1−0.05−0.05)/(1−0.15)≈6.53(美元)。

这其中，5% 的联盟佣金并不是所有订单都会产生的，但考虑到部分满立减、店铺优惠券、直通车等营销投入，每件商品基本要拿出 5% 作为营销费用。

当然，如果考虑丢包率和纠纷的损失，销售价格（按照邮政小包 1% 的丢包率来算）＝5×(1−0.05−0.05−0.01)/(1−0.15)≈6.61(美元)。

得到销售价格后，卖家需要考虑该商品是通过活动款来销售还是作为一般款来销售。

假如作为活动款，按照平台通常活动折扣要求 40% 来计算：上架价格＝销售价格/(1−0.4)。

基于成本的定价策略可以让跨境卖家尽量避免亏损。

2. 基于竞争对手的定价

采用基于竞争对手的定价策略时，卖家只要根据特定竞争对手的价格来设置对应的价格。

卖家使用这种策略之前要对竞争对手做充分的研究，确保竞争对手拥有一定的市场占有率，他们的价格能够和买家的需求相匹配。

但是，这种定价策略可能会导致"向下竞争"。假设卖家在速卖通平台上销售商品，按照竞争对手的价格设定商品的价格为 200 美元。但是，卖家发现对手的价格没过多久降到了 190 美元，因此卖家将价格降到 180 美元。导致的结果就是双方不断打价格战，不断压缩利润空间。所以跨境卖家要谨慎使用基于竞争对手的电商定价策略。

3. 基于商品价值的定价

跨境卖家根据一段时间内买家对于商品的感知来设定价格，这种定价的策略就是基于商品价值的定价策略。同时，因为这种策略取决于买家对商品的认知程度，所以又被称为"认知定价策略"。

基于商品价值定价是几种策略中最复杂的一种。首先，这种策略需要分析市场和买家需求，了解价格因素对于买家购买决定所占的比重。其次，卖家需要了解最主要受众群体的关键特征，考虑他们购买的原因，了解哪些商品功能对他们来说是最重要的，并且知道价格因素在他们的购买过程中占了多大的比重。随着买家对市场和商品了解的加深，卖家需要不断地对价格进行微调。换句话说，商品的价格是以买家的感知价值为基础的。

（二）跨境电子商务商品的其他定价策略

1. 折扣定价策略

折扣定价策略利用跨境电子商务平台的促销功能来设置折扣价格。折扣定价并不是通过长期折扣来吸引买家，而是将利润、成本、快递费都计算在"上架价格"的基础上选择一定的折扣来吸引买家。

同时，跨境卖家也可以定期参加平台的推广活动来提高产品的销量，通过销量的提升来提升店铺在跨境平台的排名。

2. 引流型定价策略

引流型定价策略的核心是引流。跨境卖家通过研究同行卖家、商品销售价格、确定行业最低价，以最低价减去其5%~15%的价格作为商品的销售价格。以速卖通平台为例，卖家在平台输入关键词，计算出行业平均的价格，然后结合一定的P4P推广，按照商品的"上架价格"标为"平均值×(1-15%)"的价格。卖家通过这种方式为店铺吸引流量。后期等店铺获得稳定流量之后，卖家可以调整折扣，将价格回调到正常水平。

3. 盈利款式的定价策略

盈利商品的调价能力（也就是商品的溢价能力），是定价策略中最核心的部分。跨境电子商务卖家对于利润款商品要把控好产品的品质，确保产品的品质可靠且稳定。同时，卖家要把控好供应商的供应能力（包括库存、研发等），确保其供应链完善且具有持续性。

优质盈利商品必须包括下面几个特性。

（1）行业竞争不激烈

跨境卖家入驻跨境电子商务平台之前要先做好调研，输入商品的关键词，查询有多少竞争对手销售同款产品，以此确定商品的排名和曝光是不是具有优势。一般而言，同款商品的竞争对手越多，商品定价越低，溢价能力越弱。

（2）商品的差异化特征

跨境电子商务卖家在商品拍摄、商品描述上与同类产品具有一定的差异性，在产品的功能、属性方面有自己的特色。以服装销售为例，卖家可以聘请模特拍摄商品照片，以此来提高商品的溢价能力。同时，对于DIY的商品，卖家可以提供个性化、差异化的服务来提高销量。

（3）营销推广测试新款

跨境卖家通过P4P或者Facebook等社交软件来推广新款，以测试新款的受欢迎程度，通过推广来增加产品的销量，提高产品的溢价。

（4）客户对品牌的印象

卖家要在店铺设计和品牌推广上下足功夫，通过店铺装修、店铺设计、图片美工、描述等细节来提高商品专业度和档次，以此来吸引买家下单，提高商品的溢价能力。

（5）抓住国外的节日

国外消费者会在不同的节日采购商品。对于跨境卖家来说，一年中的重头戏从十月份开始，国外的感恩节、万圣节、圣诞节等节日会带来一波销售的高峰。

（6）销售量和好评率

跨境电子商务卖家要根据商品的销量、好评率、客户满意度来选择盈利款商品，以灯泡销售为例，卖家在选择灯泡作为销售的产品时，应关注买家的好评率、客户满意度，通过这个选品方法可以使卖家的预期备货数量能够贴合市场实际需求，使该产品未来的库存量实现最小化，并能完成生产市场需求最旺盛产品的任务。

（7）对于供应商的压价能力

跨境卖家对于爆款、销量非常大的商品采用大额订单的模式。通过和供应商的谈判获得一个更低廉的价格。较低的采购价格会让产品拥有较大的价格空间，后期的溢价能力也就比较强。

总之，盈利商品是店铺赚钱的核心，对于盈利款商品，卖家要依靠差异化的竞争来提高产品的销量，提高溢价能力。溢价因素越多，商品的后期利润就越高。

第4部分 任务训练

跨境商品定价分析	
实训地点：校内实训室	建议学时：4
小组成员：	
实训成果： （一）速卖通平台为例核算价格 　　商家进了1 000个商品A，进货成本为5元，从供应商处发货至仓库的物流费用是100元。商品A的重量（含包装）是230克，根据之前订单经验，平均物流成本为0.090 5元/克，商家采用中邮小包挂号的配送方式，挂号费为9元/件。目前，该商家的退货率为5%，平台佣金率15%。如果该商品仍要求利润率达到20%，该如何定价？	

续表

（二）选择某种商品，分别借助基于竞争对手定价、基于成本的定价以及基于商品价值定价三种策略进行定价

评分标准

评价指标	评价内容	分值	学生自评	小组互评	教师评价
职业素养	分工合理，相互协助	15			
	遵守行业规范，严谨认真	10			
	按时按质按量完成任务单	15			
专业能力	任务结果时效性强，数据准确	20			
	能采用信息化手段收集资料	15			
	创新性思维和能力	15			
	自学与发展能力	10			
合计		100			

指导教师： 　　　　　　　　　　　　　　　　日期：

课证融通·在线自测

项目四
产品发布

📋 知识目标

1. 了解优化商品的方法
2. 理解优化商品的内容
3. 掌握发布产品的步骤

📋 技能目标

1. 能够整理商品包并能在平台上发布商品
2. 能使用多种方法优化商品

📋 素质目标

1. 培养学生敏锐的观察力
2. 培养学生信息收集、处理的能力
3. 培养学生独立思考的能力

大赛直通车

"境"界"伦"商

思政案例

中国制造的全球化征程：跨境电子商务平台上的产品发布与市场策略

在 2022 年中国跨境电子商务进出口额显著增长的背景下，中国制造业企业通过跨境电子商务平台的产品发布策略，成功拓宽了"中国制造"出海的通道。这一趋势得益于政府的支持政策和全球市场对高质量产品的增长需求。例如，广西螺霸王食品科技有限公司通过提供高质量的螺蛳粉，结合海外仓建设，有效缩短了运输时间，快速地响应海外市场需求。这种策略不仅提高了产品的国际竞争力，也增强了品牌的全球认知度。

山东锐图激光科技有限公司利用跨境电子商务平台的数字化营销工具，如直播和短视频，提高产品的市场可见性和吸引力。该企业的实践不仅展示了创新的产品发布方式和对数字化时代市场需求的适应，也体现了企业在全球市场中的持续学习和发展能力。

此外，国机重工集团国际装备有限公司通过线上培训、VR 展厅等创新方式，提升线上洽谈体验，增强跨境电子商务业务转化能力。这种多元化的市场策略使得企业能够更有效地进入国际市场，同时提升了品牌影响力。

这些企业的成功案例不仅是商业成功的典范，也是企业在全球化浪潮中寻找新的增长点的重要经验。它们展示了如何利用政策支持和市场机遇，通过创新的产品发布方式，在全球市场中取得成功。这对于其他寻求国际化道路的企业提供了宝贵的经验和启示，强调了创新、适应和持续学习的重要性，这些都是企业在全球竞争中不可或缺的核心要素。

任务 11　跨境产品发布与优化

第 1 部分　情景导入

浙江诸暨霖德袜业有限公司跨境电子商务部主管章晓智选择速卖通作为跨境电子商务出口平台，在跨境电子商务平台及商品选择的基础上，下一步需要把选择好的商品信息发布到平台上并进行优化，让顾客能快速搜索到。

第 2 部分　任务发布

一、实训目的
1. 认识跨境平台
2. 了解产品发布的步骤
3. 掌握优化商品的方法

二、实训组织
在教师的指导下，以小组为单位，围绕产品发布的主题，学习平台规则，发布产品，提交任务单。

三、实训内容
1. 整理商品包
2. 添加新产品

第 3 部分　学习引导

一、整理商品包

（一）商品包的内容

商品包主要包括以下 5 个方面的内容：
（1）图片——Photo
（2）标题——Title
（3）关键词——Key word
（4）短描——Short description
（5）长描——Long description
跨境电子商务卖家可以在上传产品前按照以上 5 个方面的内容整理好拟销售的商品信息。

（二）整理商品包时需注意的事项

1. 图片
图片需选择高清、无水印的图片，最好能原创。

2. 标题

一个好的标题能很快吸引顾客，尤其对那些"标题党"来说，标题的吸引力不言而喻。标题设置的注意事项包括以下几点：

a. 应包括商品关键词，准确的商品关键词能让买家精准地搜索到产品，如图 11-1 所示。

b. 显示商品特点，如颜色、风格、材质等。

c. 显示能提供的特色服务，比如免运费等。

d. 多用形容词去描述产品，尽可能地写满关键词，可更多地填写属性，可引入长尾词流量。以 iphone 手机为例，亚马逊平台长尾词搜索结果如图 11-2 所示。

图 11-1　亚马逊平台精准词搜索结果

图 11-2　亚马逊平台长尾词搜索结果

e. 符合平台的要求。比如亚马逊平台规定，自 2015 年 7 月 15 日起，卖家所创建的 Listing 标题不能超过 200 个字符。

3. 关键词

关键词大致可以分为三类：大词、精词和长尾词。

所谓大词，就是接近类词的意思，比如说卖衣服，那么"衣服"就属于大词的范畴。精词，就是指子类词。如果你销售的产品有特定的子类别，比如韩式短裙，那么"韩式短裙"比"衣服"更有针对性。同时，这些词在面对搜索时更为准确。长尾词是指那些不常用但由特定群体搜索的词，如明星粉丝等。

在使用快速销售的标题关键词时，建议不要漏掉大词，精词要高度相关，长尾词要适当搭配。

a. 大词覆盖了最大的搜索量，所以在标题设置中，应该尽量使用大词，并确保相关产品尽量使用大词。

b. 使用精确单词搜索的买家有很强的目的。他来是为了某种产品，因此，在匹配时，搜索词必须是高度相关的。

c. 长尾词的搭配。并不是每个产品都有长尾词，所以，在使用长尾词时，如果有一个就用，不需要拖拉。

4. 详情页

因为买家在跨境电子商务平台面对的是图片，不是实物，所以图片能起到变购买欲望为实际购买行为的转化能力。详情页的示例如图 11-3 所示。

图 11-3　跨境电子商务平台产品详情页示例

详情页的制作要求如下。

a. 统一的模板，清晰的结构。

b. 高清的图片，整齐的排版。

c. 亮度适合，商品展示充分。

d. 优秀的关联模板，店铺活动。

视频 9：跨境电子商务经营模式：精细化运营模式

二、商品发布

商品发布操作要遵循平台的要求，以速卖通为例进行说明。通常需要经过 4 个步骤：选择产品类别、填写产品基本信息、编辑产品详情页、审核和上线。

1. 选择产品类别

速卖通平台涵盖了丰富的产品类别，卖家需要根据经营的商品类型和市场需求，选择适合的产品类别进行发布。在选择产品类别时，卖家需要对比不同类别下产品的搜索量、曝光量等指标，选取热门产品类别，提高商品的曝光度和单击率。

2. 填写产品基本信息

在发布产品之前，卖家需要填写产品基本信息，包括产品标题、类目、商品图片、产品属性等。其中，产品标题是吸引买家点击和搜索的重要因素，需要包含准确的产品关键词、能够吸引买家的产品属性、服务承诺以及促销语。商品图片也是产品展示的重要组成部分，需要选择高清、鲜明、有吸引力的图片，让买家一目了然。

3. 编辑产品详情页

编辑产品详情页是发布产品的核心步骤，通过优化产品详情页，可以提高产品的购买率和转化率。卖家需要在产品详情页中填写描述、上传视频、设置价格、选择配送方式等，同时，需要注意以下几点：

a. 物流费用的设置：卖家需要根据产品的实际情况和市场需求来制定合理的物流费用政策，提高销售量和用户满意度。

b. 产品属性的设置：卖家需要根据产品的实际情况和市场需求，选择恰当的产品属性，并填写详细和准确的产品参数、规格和尺寸信息。

c. 描述的编写：卖家需要编写清晰、生动、有吸引力的产品描述，突出产品特点和卖点，让买家更好地了解产品，并提高购买欲望。

d. 价格的设置：卖家需要根据产品的市场价值和竞争力，制定合理的价格策略，同时在特定时间段内进行促销和打折活动，提高产品的购买率和用户满意度。

4. 审核和上线

在完成产品详情页编辑之后，卖家需要经过速卖通平台的审核流程，包括商品资质审核、知识产权审核、违禁品审核等，只有全部通过审核后才能正式上线。

三、产品优化

在产品上线后，卖家需要继续关注产品的销售情况和用户反馈，不断优化产品和页面，提高产品质量和用户满意度。

1. 对产品标题进行优化

产品上架后，卖家在对产品不熟悉的情况下，可利用店铺免费的推广手段，比如限时限量折扣、店铺打折、满立减、发放优惠券等方式进行推广。如果一段时间后，产品浏览量低、访客数少，卖家可对产品标题进行优化。

2. 对产品详细描述进行优化

首先，买家受到产品图片和标题的吸引，点击进入产品详情页后，首先看到的是产品的基本信息。产品的基本信息是平台要求填写的信息，卖家应根据产品实际情况正确填写。

其次，详情图建议在 15 张以内，以节省买家打开网页的时间和流量。详情页中的产品参数、包装方式要详细。产品参数越详细，越能体现卖家对产品的熟练程度，买家就越觉得

值得信赖。而包装方式体现了卖家的经营实力以及对物流的熟悉程度。商品详情页的部分描述如图 11-4 所示。

图 11-4　跨境平台产品详情描述

最后，优化文案。好的文案可以体现卖家对产品的熟悉程度，也可以表达对买家的尊重和理解。店铺首页可设置问候语、优化购物须知、增加卖家承诺、引导买家评价等。

3. 对产品价格进行优化

价格影响产品在平台上的排名，也影响其单击率，最终决定客户是否下单购买。卖家优化产品价格，首先可参考竞品的价格，竞品的进货价格、折扣率都是卖家需要了解和分析的。同时，还要巧用价格临界点，比如，卖家把商品价格设为 9.99 美元，就比设为 10 美元要更具吸引力。

第4部分 任务训练

跨境产品发布与优化	
实训地点：校内实训室	建议学时：4
小组成员：	
实训成果： （一）整理商品包 结合商品包的内容，整理手机支架的商品包。（可根据实际情况选择不同商品） （1）图片——Photo （2）标题——Title （3）关键词——Key word （4）短描——Short description （5）长描——Long description	

续表

(二) 手动添加新产品

了解如何加快速卖通平台产品审核速度；了解产品上传政策、产品上传途径、产品定价；了解如何设置各个选项；体验操作如何手动上传产品。(可根据实际情况选择跨境电子商务平台)

要求：至少上传10个新产品。

评分标准

评价指标	评价内容	分值	学生自评	小组互评	教师评价
职业素养	分工合理，相互协助	15			
	遵守行业规范，严谨认真	10			
	按时按质按量完成任务单	15			
专业能力	任务结果时效性强，数据准确	20			
	能采用信息化手段收集资料	15			
	创新型思维和能力	15			
	自学与发展能力	10			
合计		100			

指导教师：

日期：

课证融通·在线自测

项目五
营销推广

知识目标

1. 了解国际市场营销理论与调研方法
2. 熟悉典型海外市场的特征
3. 掌握搜索目标客户的方式
4. 掌握常用的营销活动类型

技能目标

1. 能够独立进行海外客户搜索
2. 能够分析海外客户的需求特征
3. 能够开展店铺自主营销活动

素质目标

1. 培养学生创新意识
2. 培养学生敏锐的观察力
3. 培养学生独立思考的能力

大赛直通车

"境"界"伦"商

思政案例

"Creality 创想三维"的全球化战略：跨境电子商务营销推广的创新路径

"Creality 创想三维"的跨境电子商务营销推广策略是企业在全球市场中创新和适应能力的典范。作为一家专注于 3D 打印机制造的企业，"Creality 创想三维"通过建立自己的独立站点，成功摆脱了对第三方电商平台的依赖，实现了品牌自主性和流量控制。这一战略使得公司能够直接与消费者建立联系，更好地控制市场营销和客户关系管理。

在社交媒体营销方面，"Creality 创想三维"积极运用 Facebook、YouTube 等平台，通过发布高质量的视频、文字内容，与 3D 打印领域的关键意见领袖（KOL）合作，有效提升了品牌的影响力和产品的市场吸引力。公司通过这些平台展示产品的优势和应用案例，吸引了广泛的关注和讨论。此外，"Creality 创想三维"还鼓励用户生成内容（UGC），如产品使用体验和创意作品分享，形成了强大的口碑传播和社群效应，进一步增强了品牌忠诚度和市场影响力。

"Creality 创想三维"的营销推广策略不仅体现了其对市场趋势的敏锐洞察和对消费者需求的深刻理解，也展示了其在品牌建设和多渠道运营方面的创新能力。通过这些策略，"Creality 创想三维"在竞争激烈的跨境电子商务市场中取得了显著的成就，为其他企业提供了宝贵的经验和启示，特别是对于那些寻求通过数字化转型和全球化扩张的企业。

任务 12　跨境电子商务营销推广

第 1 部分　情景导入

跨境电子商务营销本质上是营销，但是又不同于传统的营销模式。为了在跨境电子商务模式下理解与运用营销理论，浙江诸暨霖德袜业有限公司跨境电子商务部主管章晓智除了需对海外客户的特征有一定程度的了解，还需了解典型的跨境电子商务营销活动的内容与形式。

第 2 部分　任务引入

一、实训目的
1. 认识海外客户特征
2. 掌握跨境营销活动方式

二、实训组织
在教师的指导下，以小组为单位，围绕跨境营销活动的主题，查阅资料，进行整理和分析，提交任务单。

三、实训内容
1. 锁定目标客户：分析主要海外市场的市场概况与客户需求特征
2. 设置跨境营销活动：分析跨境平台营销推广活动

第 3 部分　学习引导

一、国际市场营销

（一）国际营销

国际营销是以国际买家为中心，超越本国国境进行营销活动。具体而言，它研究的是卖家从买家需求出发，依据一些自身不可控的环境因素（主要包括国内及国外不可控的因素，诸如竞争机构、政治力量及文化力量等），运用产品、价格、促销、分销等策略，制订出国际市场营销策略，实现企业盈利的目的。

（二）国际营销调研

1. 国际营销调研定义

所谓国际营销调研，就是卖家采用科学的方法，系统地收集、整理、分析有关国际市场的相关信息，为企业开展国际营销提供主要依据，帮助企业降低风险，减少错误，寻找商机。

文档 6：国际市场营销理论

2. 国际营销调研主要内容

根据卖家在进行国际营销的过程中所需要的信息的不同，国际营销调研内容包括以下3个部分。

（1）国际市场宏观环境调研

国际市场宏观环境主要调研的内容如表12-1所示。

表12-1 国际市场宏观环境因素

宏观环境因素	主要调研内容
经济环境	经济增长、通货膨胀、商业周期趋势等
人口环境	人口数量、人口年龄结构、地理分布状况和人口密度等
政治和法律环境	各国的政治体制、政治风险、政策的稳定性、目标市场国的相关法律法规等
社会文化环境	各国的不同社会文化因素：包括语言、风俗习惯、教育状况等
技术环境	技术水平、科技产值、科技投入等
地理环境	地理位置、面积、地形、风土、气候、资源条件等

（2）国际市场微观环境调研

国际市场微观环境主要调研的内容如表12-2所示。

表12-2 国际市场微观环境因素

微观环境因素	主要调研内容
个人买家	买家的类型、特征、需求、消费习惯等
企业客户	客户的资信、业务范围、经营能力等
竞争对手	竞争对手的销售收益、产品开发、产品质量、价格、促销手段等
价格	商品定价的模式、消费者对价格的心理感知、市场结构对不同产品定价的影响等
分销渠道	目标市场的分销渠道类型、各类营销中间商的特点、物流状况等
促销	目标市场促销活动的类型、方式、资源情况、相关法律法规等
产品	目标市场对产品的颜色、大小、设计风格、标准等要求等

（3）企业内部条件调研

出口企业必须从自身状况出发，加强自我诊断，明确本企业的生产能力、技术和管理水平、产品优势和劣势。具体而言，对企业内部条件的调研包括：分析生产技术资料，了解企业的生产能力和技术水平；分析各种销售资料，了解本企业产品在目标市场上的竞争能力等。企业内部条件调研主要体现在以下几方面，如表12-3所示。

表 12-3　企业内部条件调研

内部条件	主要内容
生产能力	产品生产和新产品开发能力，职工现有素质等
技术水平	科研、技术改造和设备更新能力等
管理水平	管理制度、改革措施、经营机制的完善等
资金管理水平	资金使用情况、筹措能力等

3. 国际营销调研方法

a. 企业通过调研人员实际调查、直接获取信息，获取渠道有：

第一，赴国外实地考察，了解当地市场的消费者真实需求。

第二，参加展会，和国外买家沟通交流，了解当地市场需求。

第三，通过跨境电子商务平台的询盘和复盘获取目标市场消息。

第四，通过跨境电子商务平台了解竞争对手的产品。

b. 企业通过他人收集并整理现成的资料，获取渠道有：

通过企业内部获得会计报告、销售记录、采购记录等资料；也可以通过企业外部获得资料，如各种出版物、数据库、政府统计数据等。

二、跨境营销目标市场概况

不同国家、不同地区的市场状况有所不同，均有不同的消费偏好。作为跨境卖家，要关注目标市场和客户的不同需求，从而做出差异化的产品、推广策略等。全球主要跨境电子商务市场概况如表 12-4 所示。

表 12-4　全球主要跨境电子商务市场概况

国家	市场状况	需求特点
俄罗斯	随着互联网的普及，俄罗斯成为欧洲互联网用户最多的国家之一，俄罗斯网民主要分布在莫斯科和圣彼得堡，多数城市居民使用智能手机和平板电脑购物，半数16~55岁的城市居民每年至少在网上购物2次。俄罗斯跨境平台的热门产品品类主要有：电子和家电、服装鞋类、食品、家具和家居、美容健康	俄罗斯季节温差较大，产品季节性强 俄罗斯女性消费者喜欢追赶流行，时刻关注新款的服装和鞋包 俄罗斯消费者热爱运动，爱度假，运动户外相关的产品和装备需求大 俄罗斯消费者的身材比较高大，大码服装需求量大 价格因素是俄罗斯消费者网购的重要因素

续表

国家	市场状况	需求特点
澳大利亚	澳大利亚是排名全球第十一大电子商务市场国家，人口以50岁以下群体为主体，89%的澳大利亚人活跃于互联网上，其中74%的网民会在网上购物。智能手机使用率很高。澳大利亚网购消费者以购买美容、健康、个人和家庭护理类产品为主。"黑五"是澳大利亚一年中销售额最多的购物节日	● 澳大利亚消费者对多样化广告有明显的需求 ● 澳大利亚消费者最关心的是物流配送速度 ● 澳大利亚消费者对社会和环境意识较强
法国	法国作为欧洲跨境电子商务重点市场国家，目前已经高度数字化，拥有92%的互联网用户，人均电商支出排名欧洲第四。法国消费者习惯使用移动设备购物，智能手机使用率很高。时尚是法国最大的细分市场，占电商收入的29%，需求较高的品类还包括高科技产品、视频游戏类等。在法国，主要的购物节日有圣诞节、情人节、母亲节、父亲节等	● 法国消费者注重质量和口碑 ● 法国消费者关注产品图片和质量描述 ● 法国消费者重视包装的环保性
英国	目前，96%的英国消费者是互联网用户，其中92%的英国消费者进行过线上购物。24~54岁的消费者是线上购物的主要人群。英国消费者网上购物的主要品类包括时尚类产品、家居用品、食品以及IT和DIY设备等。在英国，主要的购物节日有圣诞节、情人节、母亲节、复活节等	● 商品价格是英国消费者购物的决定性因素 ● 社交媒体和时装秀影响英国消费者的购物选择 ● 便利性是英国消费者选择线上购物的首要因素
美国	美国作为排名在中国之后的世界第二大电商市场国家，拥有强大的互联网经济、良好的基础设施和充足的消费群体。在线消费者持续增加，更多美国消费者养成了数字购物的习惯。商品详情页、网站内的搜索框、在线聊天、促销信息等因素是影响美国消费者网购的主要因素。美国消费者网购主要的品类包括必需品和家庭娱乐产品，美妆护肤类、服装配饰类等	● 美国消费者关注产品的性价比 ● 主流社媒平台的渗透率和种草率对美国消费者的选择影响大 ● 策略类游戏的需求增长迅速

三、跨境电子商务营销活动

1. 参加平台活动

系统提供的平台活动包括促销活动（Superdeals）、品牌闪购（Featured Brands）和爆品。卖家可报名参加平台活动，选择活动商品，设置活动商品数量、折扣率。活动报名页面如图12-1所示。

视频10：邮件营销

图 12-1 活动报名页面

2. 开展店铺活动

店铺自主营销活动主要有限时限量折扣、全店铺打折、店铺满立减、店铺优惠券。需要设置相应的活动基本信息、活动商品及促销规则。店铺活动页面如图 12-2 所示。

图 12-2 店铺活动页面

3. 联盟营销

申请加入联盟营销，设置店铺默认佣金、类目佣金、主推商品佣金，查看联盟营销报表，关注主推产品报表、流量报表、订单报表、退款报表以及成交详情报表，来了解推广效果和相关数据。联盟营销页面如图 12-3 所示。

图 12-3　联盟营销页面

4. 直通车营销

先确定直通车营销活动产品，可通过"数据纵横中国"的搜索词分析，从热搜词词表、飙升词词表中，按转化率或者单击率排序，事先筛选出与产品相关性高的关键词。因为直通车按单击收费，参加直通车营销活动推广，就需要向直通车账户中充值。然后，新建快捷推广计划。最后，查看直通车数据报告，监控效果，优化调整，将最受欢迎的产品转入重点推广。直通车营销页面如图 12-4 所示。

图 12-4　直通车营销页面

5. 客户管理与营销

根据客户特征创建多个客户分组，将未分组的客户移入不同的分组或调整客户分组，卖家可按客户分组或客户类型进行邮件营销或优惠券营销。客户管理与营销页面如图 12-5 所示。

图 12-5　客户管理与营销页面

五、SEO 营销

1. SEO 营销的概念

SEO，是由英文 Search Engine Optimization 首字母缩写而来的，中文译为"搜索引擎优化"。SEO 是指通过搜索引擎的营销思路，为网站提供个性化生态式的营销解决方案，最终提高品牌在行业内的地位。

在跨境电子商务中，SEO 是指产品搜索排名优化，在跨境电子商务平台网站搜索规则下，使目标产品在顾客通过关键词搜索时更容易被搜索引擎收录和优先排序。后面将以速卖通为例，从商品属性优化、商品标题优化、规则分析优化 3 个方面介绍如何进行搜索引擎优化。

2. SEO 推广

（1）流量优化起点

搜索引擎优化的目的是增加商品的曝光率，获得更多的流量。

速卖通客户可以通过 5 种渠道进行搜索，寻找所需要的目标产品：搜索框输入关键词、通过左侧搜索细分类目、平台横幅广告（Banner）、使用购物车和收藏夹、畅销的（top selling）的商家和产品。当买家进入店铺或产品详情页时就会产生页面浏览，速卖通首页如图 12-6 所示。

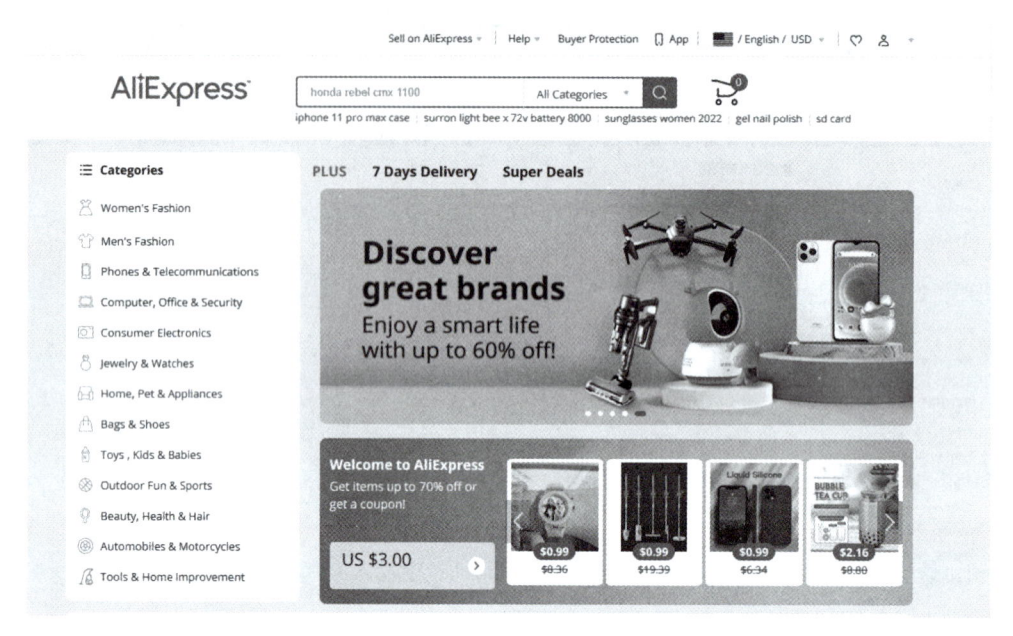

图 12-6　速卖通首页

下面以"Men Jeans"为例，介绍有效的页面浏览。图 12-7 下的细分流量入口包括 2 个选项："free shipping"和"&Up"。卖家通过这 2 个细分流量入口来增加店铺和产品流量，提高客户的浏览量。

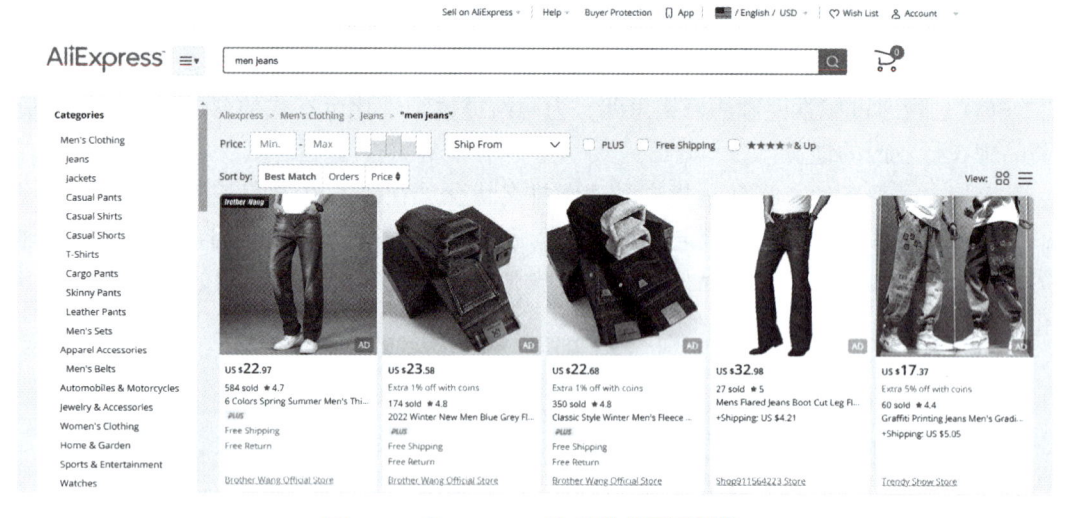

图 12-7　"Men Jeans"有效的页面浏览

（2）商品属性优化

在商品 listing 页面的左侧，商品的属性包括 size、color、material 等，买家可以通过商品属性更快、更精准地找到目标商品，"Men Jeans"属性页面如图 12-8 所示。

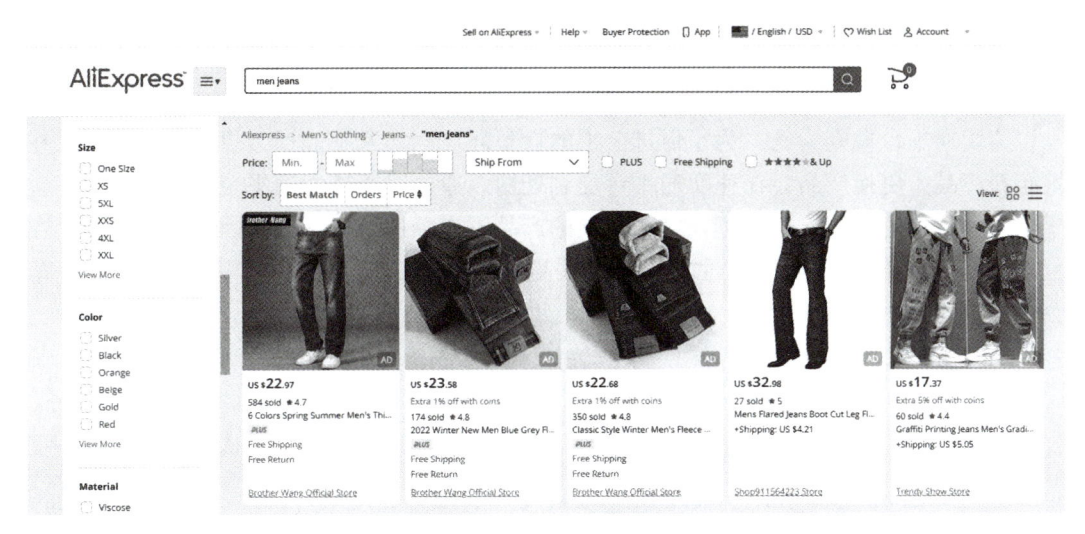

图 12-8 "Men Jeans" 属性页面

(3) 商品标题优化

商品标题需要精炼，能用一句完整的话来充分描述商品，涵盖商品的信息包括商品属性、颜色、品牌、材质、数量等。

商品标题中最关键的是大类目的搜索词汇。在不同类目下搜索的流量入口不同，如 "Men Jeans"和"Jeans Men"，虽然两组词汇表达是同一种产品，但是它们属于不同的流量入口。也就是说，买家均可以从"Men Jeans"和"Jeans Men"的端口中找到男士牛仔裤。因此，卖家在设计标题的时候要将"Men Jeans"和"Jeans Men"两个不同搜索入口都抓取，实现产品的曝光最大化，"Men Jeans"标题页面如图 12-9 所示。

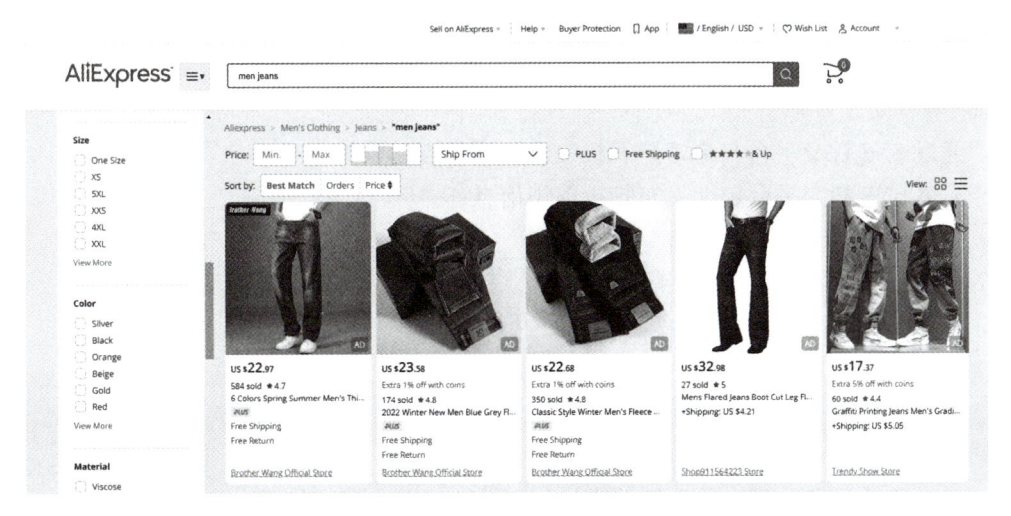

图 12-9 "Men Jeans" 标题页面

同时，卖家可以优化产品的属性信息、参数、风格、流行元素等形成长尾词来提高产品搜索的精准度，从而促进订单成交，提升新品搜索排名，增加产品的曝光机会。

(4) 跨境平台规则分析优化

为了实现打造优质的爆款的目标，跨境卖家需要在跨境平台规则允许的范围内不断地优化产品。

以速卖通平台规则为例，为了促进公平的竞争环境，卖家不能通过更换产品的形式在平台发布新产品，更换产品会在速卖通平台受到处罚。通过对于速卖通平台规则的分析，卖家对于原产品信息的补充或者更正来发布不同的产品不属于违规的范围。因此，卖家可以在一定范围内修改和优化产品的属性、标题、关键词、图片，从而优化产品信息，增加曝光机会。

六、SNS 社交平台营销

SNS，全称 Social Networking Services，即社会性网络服务，一般是基于 Facebook、Youtube、Linkedin、Pinterest、Twitter 等平台展开的网络营销。

1. SNS 社交平台营销推广特点

a. 与消费者直接接触，根据客户真实信息锁定目标客户，适合品牌口碑推广。

b. 卖家通过社交平台开展活动能够带动产品销售，投入较少，利于资金回笼。

c. 目标人群不多，容易进行针对性宣传。

d. 通过社交平台消费者反馈，获得买家真实需求，为后面产品优化提供依据。

SNS 的这些推广特点，为跨境电子商务公司互动营销提供可靠的平台。通过互动营销，企业能够获得消费者的各种需求，将这些需求纳入产品的开发设计中，设计出符合消费者需求的产品。

视频 11：SNS 营销

2. 老客户 SNS 营销的操作步骤

a. 通过社交平台数据反馈，卖家添加消费频率高、消费金额多的优质客户到 Twitter、Facebook 等社交账号中。

b. 通过 SNS 社交平台与老客户积极交流，实行互动营销。

c. 通过 SNS 社交平台定期发布打折促销信息。

3. SNS 社交平台核心营销策略

SNS 社交平台主要的核心营销策略包括：三大营销技巧、4H 营销法则、五大社交误区。

（1）三大营销技巧

SNS 社交平台三大营销技巧主要包括：事件营销、红人营销、信息流营销。

a. 事件营销，通过社交平台分享店铺的活动和促销信息，让更多平台用户看到，了解店铺产品。

b. 红人营销，通过网络达人推销店铺的产品，以此来提高销量。

c. 信息流营销，通过社交平台直接分享店铺产品。

（2）4H 营销法则

4H 法则即幽默（humor）、诚实（honesty）、有趣（have fun）及助人（help people）。

幽默：卖家可在社交平台上通过幽默文字、创意搞笑的图片进行自我介绍，来吸引粉丝的关注。诚实：卖家自始至终坚持诚实的原则，让客户了解真实的自己，赢得更多的朋友。有趣：卖家通过巧妙的方式提高推广产品的趣味性，以此来吸引更多消费者的关注。助人：及时解答别人的提问；在别人需要帮助的时候慷慨相助。

（3）五大社交误区

①卖家回复不及时

卖家需要定期维护社交账号，及时查看顾客的相关消息，特别是社交平台上的回帖和评论要积极响应。老客户的评价和留言要及时回复，消极的评价要及时处理，谨慎对待，为其他客户购买产品提供参考，回复的及时与否对产品的销量影响是非常大的。

②卖家错过推广机会

卖家可以借助社交平台的个性化来详细介绍企业的文化、宗旨、理念及产品品牌等相关信息，以达到宣传企业文化、塑造电商品牌形象的目的。事实上，很多卖家没有利用这个来推广企业的品牌和产品。

③卖家没有制订明确的社交营销计划

卖家在进行营销宣传时，要明确目标，制订明确的社交营销计划。

④帖子更新不及时

卖家制订了营销计划后，应该避免帖子更新不及时，或者信息内容不够充分的问题。通过连续发帖提高客户对于店铺产品、品牌的认知，增加客户对产品的认可度。

⑤推文质量低下

如果卖家在社交平台发布的帖子质量低下，存在明显的错误，则会降低粉丝的好感度。因此卖家在发表帖子之前，一定要对文字进行检查，避免出现错别字，语句不通等现象，给用户留下好的印象。

第4部分 任务训练

跨境电子商务营销	
实训地点：校内实训室	建议学时：4
小组成员：	
实训成果： （一）锁定目标客户 要求：分析主要海外市场的市场概况与客户需求特征。	

续表

（二）跨境营销活动

要求：选择一个跨境平台，浏览网站，分析该平台应采用哪些营销推广活动。

评分标准

评价指标	评价内容	分值	学生自评	小组互评	教师评价
职业素养	分工合理，相互协助	15			
	遵守行业规范，严谨认真	10			
	按时按质按量完成任务单	15			
专业能力	任务结果时效性强，数据准确	20			
	能采用信息化手段收集资料	15			
	创新性思维和能力	15			
	自学与发展能力	10			
	合计	100			

指导教师： 日期：

课证融通·在线自测

项目六

结算与支付

知识目标

1. 了解跨境电子商务支付的概念
2. 熟悉跨境电子商务的支付方式
3. 掌握 Paypal、西联汇款、国际电汇等支付方式

技能目标

1. 领会不同支付方式的特点
2. 分析不同支付方式的流程

素质目标

1. 培养学生诚实守信、精益求精的意识
2. 提高学生保密的意识

大赛直通车

"境"界"伦"商

思政案例

"连连国际"的创新之路：数智出海项目在跨境电子商务结算与支付的应用

在全球化和数字化的大背景下，"连连国际"发起的"数智出海零门槛生态共建项目"（以下简称"数智出海"项目）针对跨境电子商务领域的结算与支付问题提供了创新解决方案。该项目通过整合跨境支付金融与服务资源，旨在消除贸易壁垒，助力企业顺畅进入国际市场。特别地，它为中小微企业提供了"数智出海-千亿扶持权益包"，涵盖跨境支付、知识产权、财税合规等多重维度的扶持，旨在降低交易成本，提高资金安全，并促进外贸稳定增长。

这一项目的实施不仅展示了数字化在跨境电子商务结算与支付领域的应用和技术创新的重要性，也强调了企业在全球市场多变环境下如何利用政策支持和市场机遇，有效克服跨境交易中的挑战，拓展国际市场的必要性。通过"数智出海"项目，"连连国际"不仅提供了高效的支付解决方案，还通过深入了解和分析海外市场的消费趋势，帮助企业实现本土化运营和全球抢单。

此外，该项目还注重于构建商机互推、资源共享的新型贸易生态，通过组织新兴跨境综试区政府及企业代表至成熟跨境产业带进行游学考察和线下专场培训，实现信息及经验的互通。这不仅有助于提升优质跨境产地和货源地的国际影响力，也为中小微企业提供了更广阔的发展空间和更多的商业机会。

综上所述，"数智出海"项目不仅是"连连国际"响应国家稳外贸政策、支持外贸保稳提质的具体行动，也是其在外贸新业态新模式涌现背景下的战略布局。这为我国外贸发展持续跑出"加速度"提供了有力支撑，同时为其他寻求国际化道路的企业提供了宝贵的经验和启示。

任务 13　跨境电子商务支付结算

第 1 部分　情景导入

基于跨境电子商务比国内贸易收款环境和程序更复杂，需要考虑的问题更多，不同的收款方式差别很大，选用最适合的支付方式显得尤其重要。浙江诸暨霖德袜业有限公司跨境电子商务部主管章晓智需要非常熟悉跨境电子商务各种不同的支付方式，从中选用最适合的一种。

第 2 部分　任务发布

一、实训目的
1. 认识跨境电子商务支付方式
2. 了解不同跨境电子商务支付的流程

二、实训组织
在教师的指导下，以小组为单位，围绕跨境电子商务支付的主题，利用搜索引擎查阅资料，进行整理和分析，提交任务单。

三、实训内容
1. 跨境电子商务支付工具的对比分析
2. Paypal 支付方式的优缺点分析

第 3 部分　学习引导

一、跨境支付的定义

跨境支付（Cross-border Payment）指两个或者两个以上国家或者地区之间因国际贸易、国际投资及其他方面所发生的国际间债权债务，借助一定的结算工具和支付系统实现资金跨国和跨地区转移的行为。

二、跨境第三方支付概念

第三方支付是指具备实力和信用保证的第三方企业和境内外的银行签约，为买方和卖方提供信用的保障。在银行的直接支付环节中增加一个中介，买卖双方通过第三方支付平台交易时，买方选购商品，中介通知卖家发货；买方收到商品后，通知中介付款，中介将款项转至卖家账户。第三方支付在商家与消费者之间扮演可以信任的中介作用，对双方进行监督和约束，满足了商家与消费者对信誉和安全的需求。

三、跨境支付业务

跨境支付业务按照资金流向可分为进口业务和出口业务。

进口业务是跨境支付公司通过与境外的银行、第三方支付公司建立合作，利用国际卡组织建立的清算网络，帮助境内的企业实现境外资金分发，在境内扮演收单服务商的角色。

出口业务是跨境支付公司与境内的第三方支付公司合作建立分发渠道，帮助境外的买家和支付机构完成资金入境及境内分发。

跨境支付包括跨境收单，跨境汇款和收结汇、购付汇等业务大类。

1. 跨境收单

a. 外卡收单：帮助国内跨境电子商务商家收取国外消费者的贷款，出现在出口业务中，支付手段主要是国外的信用卡和国外当地的支付工具。

b. 境外收单：卖家是境外的商家，买家在境内，对应的是国内支付手段收单，即进口业务，如海淘等；

c. 国际收单：即卖家、买家和支付机构分属不同的国家（地区），如 PayPal 在中国开展收单业务。

2. 跨境汇款

跨境电子商务呈现平台化趋势，大多中国商家在亚马逊、Wish、速卖通等第三方电商平台上销售产品，第三方电商平台一般都有指定的支付方式。因此，PayPal、Payoneer 和 WorldFirst 等第三方支付机构日渐取代传统专业汇款公司（如西联、速汇金等），成为跨境汇款的主流公司。

3. 收结汇、购付汇

收结汇是境内卖家通过第三方支付机构收取外汇并且通过银行结算为人民币。在境外支付的过程中，中国的第三方支付机构主要承担跨境收款、结汇、提供支付通道等业务；国内第三方支付机构主要处理到达境内的外汇资金在境内合作银行进行外币汇兑并为商户进行人民币结算。第三方支付机构收结汇业务流程（出口电商平台）如图 13-1 所示。

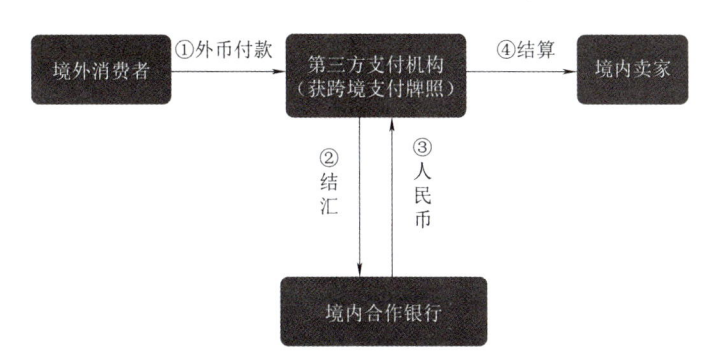

图 13-1 第三方支付机构收结汇业务流程（出口电商平台）

购付汇主要是境内消费者通过跨境电子商务平台购买货品，第三方支付机构为消费者提供的购汇及跨境付汇业务。进口跨境电子商务业务中，中国第三方支付机构主要为用户提供购付汇业务。第三方支付机构购付汇业务流程（进口电商平台）如图 13-2 所示。

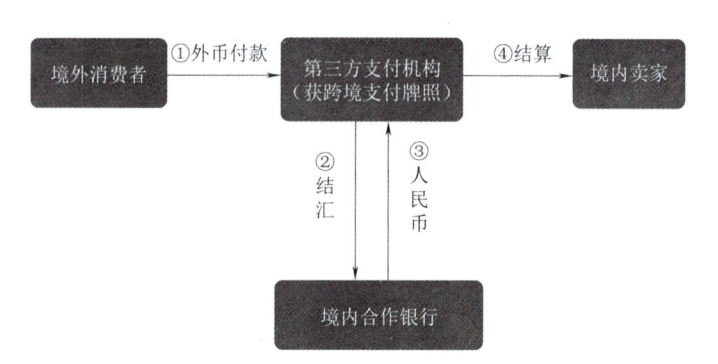

图 13-2　第三方支付机构购付汇业务流程（进口电商平台）

四、主流跨境支付方式

1. 贝宝（PayPal）

（1）贝宝介绍

贝宝被广泛用于跨境在线交易，是全球使用最广泛的第三方支付工具之一，主要针对具有国际收付款需求的用户。贝宝提供即时支付、即时到账服务及全中文操作界面，能通过中国的本地银行轻松提现。贝宝已与中国银联、Ali Express 等展开业务合作。它通常适用于个人海淘用户和跨境 B2C 出口企业。

视频 12：主流跨境支付方式

（2）贝宝账户类型

贝宝有三种不同类型的账户：个人账户（Personal Account）、高级账户（Premier Account）和企业账户（Business Account）。

账户类型	账户用途	账户说明
个人账户 （Personal Account）	适用于买家，主要用于付款和收款	收款需要支付手续费 付款免费 不能使用网站收款 不能使用购物车收款 不能使用 Email 签名收款 可以接受信用卡付款
高级账户 （Premier Account）	适用于个人商户，主要用于收款，偶尔付款	收款需要支付手续费 付款免费 可以使用网站收款 可以使用购物车收款 可以使用 Email 签名收款 可以接受信用卡付款
企业账户 （Business Account）	适用于企业用户	具有贝宝高级账户的所有功能和限制

（3）贝宝对于买卖双方的有利点

贝宝对于买卖双方的有利点表现在以下几个方面：

Paypal 对买方的有利点	Paypal 对卖方的有利点
保障对象：赔偿物品未送达或者收到的物品与卖家描述显著不符的买家	保障对象：全额赔付符合条件的欺诈交易损失的卖家
简单易用：在线支付系统简单易用（只要有电子邮箱和密码，就能完成支付）	收款到账迅速：款项通常几分钟就到账，加速资金周转，快速回笼资金
退货免邮：贝宝提供每月一定金额的退货运费赔付	费率简单透明：无月费、无开户费以及账户注销费，完成交易才需支付相应费用

（4）贝宝支付流程

买家通过贝宝支付费用，可以分为以下几个步骤：

第一步买家可以通过电子邮箱来开设贝宝账户；通过验证成为贝宝用户，买家可以将费用从信用卡转到贝宝账户下。

第二步买家提供收款人的电子邮件账号给贝宝，将特定金额汇给卖家。

第三步接着贝宝向商家发出电子邮件，通知其等待转账的款项。

第四步如果商家是贝宝用户，在确认之后，贝宝将款项移转给商家。

第五步如果商家没有贝宝账户，商家可以根据贝宝邮件注册账号。另外，商家可以将款项转成支票寄到指定地点，或者转入银行账号。

2. 西联国际（Western Union）

西联国际是世界汇款公司之一，目前在全球拥有百万个合作网点。中国光大银行、中国邮政储蓄银行、中国建设银行、浙江稠州商业银行、吉林银行、哈尔滨银行等多家银行是西联国际中国合作伙伴。西联国际中国官方网站页面如图13-3所示。

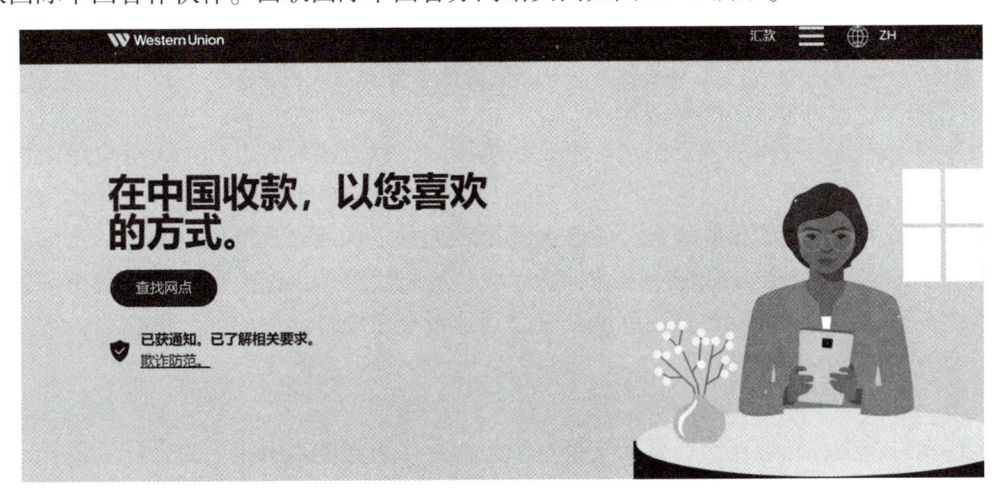

图 13-3　西联国际中国官方网站页面

3. 国际信用卡支付

国际信用卡支付是通过国际银行卡为客户提供网上交易、资金清算、查询统计等功能，实时监控商户的交易行为，防范相应的交易风险，确保资金安全。

国际信用卡支付是欧美国家最流行的支付方式。跨境电子商务零售平台可通过与国际信用卡组织合作，或直接与海外银行合作，开通接收海外银行信用卡支付的端口。国际信用卡主要适用于从事跨境电子商务零售的平台和独立 B2C。

4. 安全支付（Secure Payment）

安全支付（原 Escrow 服务）是阿里巴巴专门针对国际贸易推出的一种第三方支付担保交易服务。它联合第三方支付平台 Alipay 提供在线交易资金支付的安全保障，同时保护买卖双方从事在线交易，并解决交易中资金纠纷问题。为了让买卖双方更清晰地了解及认知线上交易中资金安全保障的流程、支付方式及纠纷退款问题的处理方法等，阿里巴巴对原 Escrow 服务系统进行了升级优化，Escrow 服务将名称更换为安全支付。

安全支付的服务模式与国内支付宝类似：交易过程中先由买家将货款打到第三方担保平台的安全支付账户中，然后第三方担保平台通知卖家发货，买家收到商品后确认，货款放给卖家，至此，完成一笔网络交易。

5. 派安盈（Payoneer）

派安盈是一家创新型跨境支付数字平台，通过金融科技创新、配套跨境商贸资源、提供增值服务和专家定制化服务等产品，派安盈适用于单笔资金额度小但客户群分布广的跨境电子商务平台或者卖家。除了速卖通和 EBay 外，派安盈几乎支持所有国内外主流跨境电子商务平台进行收款，如亚马逊、Wish、Lazada、Shopee 等。

6. 巴西（Boleto）

巴西是受巴西中央银行监管的巴西官方的一种支付方式，也是一种在巴西广为流行的账单支付方式。买家通过巴西不仅可在网上银行进行在线支付，还可以选择在银行 ATM 机、授权商超、彩票站、邮局等进行线下现金支付，满足无银行卡买家的支付需求。国内平台如速卖通、兰亭集势都已支持巴西支付。

该支付的特点如下：平台无需支付交易保证金，降低了使用门槛；买家完成付款，不会产生拒付和伪冒，保证商家的交易安全；买家需要在网上打印付款单并通过网上银行、线下银行或其他指定网点交易，每笔交易一般需 2 天到一周的时间才能完成支付。

7. 速汇金（Money Gram）

国际速汇金公司推出的速汇金国际汇款作为国际汇款方式之一，为个人客户提供快捷简单、安全可靠、方便境外快速汇款业务。目前，中国银行、中国工商银行、中国交通银行、中信银行代理了速汇金收付款服务，收款人凭汇款人提供的编号就可以收款。

速汇金特点：汇入汇款业务不收费，卖家无须支付手续费；汇出汇款业务费用，包括佣金和手续费两个部分。佣金根据国际速汇金公司速汇金系统自动生成的金额收取；手续费根据速汇金公司提供的费率计算。

8. 连连支付（LianLian Pay）

连连支付，全称是连连银通电子支付有限公司，作为连连集团旗下的全资子公司，是家专业的第三方支付机构，中国行业支付解决方案的提供商。连连支付通过 PC 端互联网及移动互联网等渠道，为用户提供安全、快捷的支付服务，为所有有支付需求的商户提供全面、便捷的支付解决方案和清结算服务；通过与国际顶级金融公司合作，为亚马逊、Ebay、Newegg、Shopee 等众多平台的卖家提供国际收款服务。

五、跨境支付的风险和应对措施

1. 跨境支付的风险

（1）第三方支付机构背景审核难度大

第三方支付机构是目前跨境支付的重要参与者。合作银行根据第三方支付机构提供的信息提供外汇服务。第三方支付机构完成交易后，按相关规定，将交易数据通过银行间接完成国际收支统计申报。但是，由于互联网具有虚拟性，加之涉及境外商户，获得商户真实信息的难度更大，导致第三方支付机构审核每一笔交易背景真实性成本较高，影响第三方支付机构在从事跨境支付服务方面掌握交易信息的动力。

（2）第三方支付机构国际收支申报不规范

一方面，在实际操作中，从事外汇业务人员的经验存在差异，而且支付机构跨境业务面对商户及客户群体众多，交易类型以小额居多，导致每一笔交易进行申报的成本高且工作量大，漏报、迟报现象难以避免。另外，银行从第三方支付机构端获得的外汇收支信息不能保证准确。

另一方面，由于第三方支付机构上报的跨境交易类型编码规定不严格，交易编码使用存在随意性，影响银行对跨境业务监管的针对性与全面性。

（3）跨境资金存在非法流动的风险

第三方支付是以跨境平台为基础，适用主体多数是跨境电子商务的买家和卖家，资金分散转移，更易于躲避外汇监管，比如小额资金通过第三方支付平台多次向多人汇入，由此出现异常资金流入。

2. 跨境支付风险的应对措施

（1）完善科技监管手段

现有的第三方机构监管、外汇交易数据统计及监测系统相对于发展迅速的跨境支付业务略显落后，对于第三方支付机构跨境业务数据缺乏准确有效的监管手段。完善科技监管手段，增强基础设施建设，是防范跨境支付风险的重要手段。

在外汇监管系统中加入对第三方跨境支付机构的单独监管模块进行独立监管来提升第三方跨境支付业务风险防范水平。

（2）细化监管法律法规

应细化外汇从业人员的从业资格规范，在从业者端尽可能规避道德风险、操作风险。另外，相关部门的规定中应该针对具体业务制定相关细则，银行从事跨境电子商务类业务在电子信息的采集和审核上也可以有更明确的规定可循。

（3）协调监管者间关系

对于第三方支付机构在支付业务方面应该加强监管的针对性和专门性，发挥支付清算协会及互联网金融协会行业"自律"作用，使第三方跨境支付既兼顾"审慎监管"又可以发展创新。

（4）促进离岸监管合作

推进跨境支付离岸监管合作是完善监管的必然趋势。具体措施如下：其一，借鉴贸易协定相关经验，强化有关规则解释；其二，参考各国跨境机构监管经验，使跨境支付风险监管规则接轨国际化标准；其三，建立"区域性监管合作机制"，将跨境支付消费者权益保护在一定区域内的监管进行统一。

第 4 部分　任务训练

跨境电子商务支付	
实训地点：校内实训室	建议学时：4
小组成员：	

实训成果：

（一）跨境电子商务支付工具对比分析

（1）搜索网站相关跨境支付工具的介绍（包括电汇、西联汇款、信用卡、Payoneer）

（2）了解相关跨境支付工具

（3）分析对比主要功能、到账时间、手续费、适用范围

跨境支付工具	主要功能	到账时间	手续费	适用范围
电汇				
西联汇款				
信用卡				
Payoneer				

续表

（二）Paypal 支付与结算

（1）Paypal 账户的申请流程

（2）Paypal 提现方式

评分标准

评价指标	评价内容	分值	学生自评	小组互评	教师评价
职业素养	分工合理，相互协助	15			
	遵守行业规范，严谨认真	10			
	按时按质按量完成任务单	15			
专业能力	任务结果时效性强，数据准确	20			
	能采用信息化手段收集资料	15			
	创新性思维和能力	15			
	自学与发展能力	10			
合计		100			

指导教师：

日期：

课证融通·在线自测

项目七
通关与物流

知识目标

1. 了解跨境电子商务业务中进出口通关的相关政策和规定
2. 了解不同跨境电子商务物流方式在使用时的注意事项
3. 熟悉跨境电子商务出口通关流程
4. 掌握不同跨境电子商务物流方式的优劣势
5. 掌握跨境电子商务不同的物流方式

技能目标

1. 能够办理保税进出口货物通关手续
2. 能根据货物的性质和目的区域选择合适的跨境电子商务物流方式
3. 能根据订单的详情设置运费模板并计算运费

素质目标

1. 培养遵守职业道德，服从公司规章制度
2. 培养学生创新创业思维能力
3. 培养学生独立思考和问题解决的能力

大赛直通车

"境"界"伦"商

思政案例

加速全球扩张：速卖通海外仓在跨境电子商务通关与物流中的创新应用

2022 年，在中国跨境电子商务进出口额显著增长的背景下，速卖通海外仓的构建和应用成为商家打通新的吸金渠道的关键。雅宝路品牌商家 ICEbear 利用速卖通海外仓业务，在"双 11"期间实现了高达 60%的商品成交额，特别在俄罗斯市场，订单从确认到送达仅用了 10 个小时，这一显著提升的物流效率不仅缩短了物流时间，还极大地提升了消费者的购物体验。这种创新的物流模式有效解决了跨境电子商务中的物流难题，为企业提供了更加高效和经济的物流解决方案。

ICEbear 的成功案例展示了海外仓在解决跨境电子商务物流时效慢、成本高问题方面的显著优势。通过在关键市场建立海外仓库，ICEbear 不仅提高了对当地市场的响应速度，还通过减少物流环节，降低了整体运营成本。此外，海外仓的应用还使得 ICEbear 能够更灵活地应对市场需求的变化，快速补充库存，提高了整体的市场竞争力。

借助海外仓的优势，ICEbear 计划进一步扩展到美国、澳大利亚等欧洲国家市场。这不仅展示了创新物流模式在适应全球市场和持续发展方面的重要性，也为其他寻求国际化道路的企业提供了宝贵的经验和启示。通过海外仓的战略应用，企业能够更有效地管理全球供应链，提升国际市场的服务水平，从而在全球范围内提升品牌影响力和市场份额。

任务 14 跨境电子商务通关操作

第 1 部分 情景导入

近年来，越来越多的消费者通过跨境电子商务平台购买进出口商品，越来越多的传统企业也参与到跨境电子商务中来，通关是跨境电子商务必不可少的关键环节。浙江诸暨霖德袜业有限公司跨境电子商务部主管章晓智需全面了解通关模式，掌握通关的注意事项，才能实现公司跨境产品顺利出口，保证订单顺利完成。

第 2 部分 任务发布

一、实训目的
1. 认识通关模式
2. 了解通关流程
3. 掌握通关的注意事项

二、实训组织
在教师的指导下，以小组为单位，围绕跨境通关的主题，查阅资料，进行整理和分析，提交任务单。

三、实训成果：
1. 跨境电子商务进出口海关监管模式
2. 跨境电子商务出口通关流程
3. 跨境电子商务进口通关流程

第 3 部分 学习引导

一、跨境电子商务通关

跨境电子商务企业、消费者（订购人）通过跨境电子商务交易平台实现零售进出口商品交易，并根据海关要求传输相关交易电子数据，接受海关监管。

跨境电子商务海关申请人登录"互联网+海关"网上办事平台（http://online.customs.gov.cn），通过"跨境电子商务业务办理"模块，按要求网上报送相关数据信息。跨境监管业务流程如图 14-1 所示。

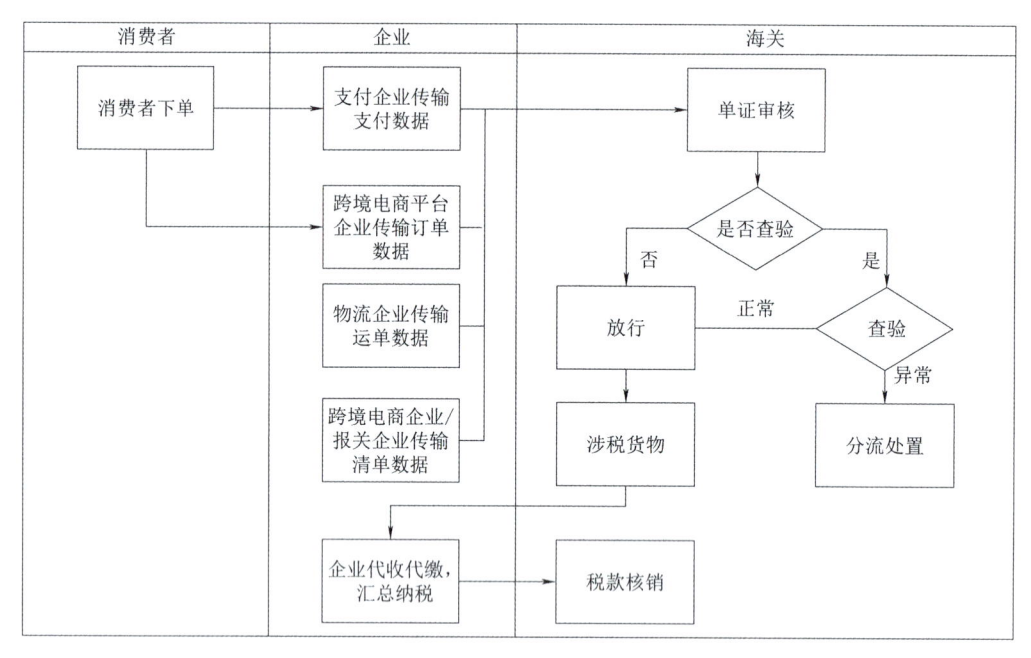

图 14-1　跨境监管业务流程

二、跨境电子商务注册登记

（一）报关单位

报关单位是依法在海关注册登记的进出口货物收发货人和报关企业。

1. 报关单位的分类

（1）进出口货物收发货人

进出口货物的收发货人是指依照《中华人民共和国对外贸易法》，向国务院对外经贸主管部门或其委托机构办理备案登记，并直接进口或出口有关货物的中华人民共和国关境内的法人、其他组织或个人。我国进出口货物的收发货人主要有：贸易型、生产型、仓储型的企业等。这些企业一般都有进出口经营权，进出口货物收发货人经海关注册登记，取得报关资格后，只能为本企业的进出口货物办理报关纳税等事宜。这些报关单位为自理报关企业。

这类报关单位的主要特征是拥有进出口经营权，经向海关备案记后，只能为本单位的进出口货物报关。对于一些未取得对外贸易经营者备案登记表，但按照国家有关规定需要从事非贸易性进出口活动的单位，如境外企业、新闻机构、经贸机构、文化团体等依法在中国境内设立的常驻代表机构，临时接受捐赠、礼品、国际援助的单位，国际船舶代理企业等，在进出口货物时，海关也视其为进出口货物收发货人，并办理相应的临时注册登记手续。

（2）报关企业

报关企业是按照海关规定向海关申请报关注册记许可，经海关准予注册登记，接受进出口收发货人的委托，以进出口货物收发货人的名义或者以自己的名义，向海关办理代理报关业务、从事报关服务的境内企业法人。相关企业属于代理报关类型。目前，我国的报关企业主要有：主营报关服务兼营其他有关业务的企业，如各类报关公司或报关行；还有主要经营国际货物运输要经代理和国际运输工具代理业务同时兼营报关服务业务的企业，如国际货物运输代理公司、国际运输工具代理公司、国际货物快递运输公司、进出口物流公司等。这些报关企业从事代理报关业务必须经海关批准许可并向海关办理注册登记手续。

2. 报关单位注册登记

申请人登录"中国国际贸易单一窗口"标准版（http://www.singlewindow.cn/）"企业资质"子系统或"互联网+海关"一体化平台（http://online.customs.gov.cn），进入"行政审批"版块，向所在地海关提出申请并递交申请注册登记许可材料。

所在地海关对申请人提出的申请作出如下处理：申请人不具备报关企业注册登记许可申请资格的，作出不予受理决定；申请材料不齐全或者不符合法定形式的，当场或者在签收申请材料后五日内一次告知申请人需要补正的全部内容；申请材料仅存在文字性或者技术性等可以当场更正的错误的，允许申请人当场更正，并且由申请人对更正内容予以签章确认；申请材料齐全、符合法定形式，或者申请人按照海关的要求提交全部补正申请材料的，受理报关企业注册登记许可申请，并作出受理决定。

所在地海关受理申请后，于受理注册登记许可申请之日起 20 日内审查完毕。

直属海关未授权隶属海关办理注册登记许可的，自收到所在地海关报送的审查意见之日起 20 日内作出决定。直属海关授权隶属海关办理注册登记许可的，隶属海关应当自受理或者收到所在地海关报送的审查意见之日起 20 日内作出决定。

申请人的申请符合法定条件的，核发《中华人民共和国海关报关单位注册登记证书》。

报关企业注册登记业务流程如图 14-2 所示。

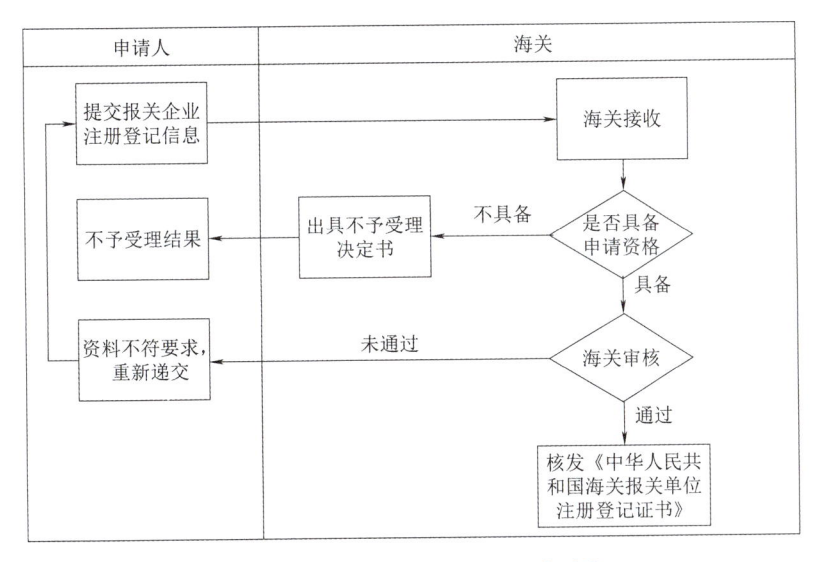

图 14-2　报关企业注册登记业务流程

3. 单一窗口

"单一窗口"标准版依托中国电子口岸平台建设，是实现现代化、信息化、智能化口岸通关模式的信息系统。单一窗口的特点简化、统一单证格式与数据标准，实现申报人通过"单一窗口"向口岸管理相关部门一次性申报，口岸管理相关部门通过电子口岸平台共享信息数据、实施职能管理，执法结果通过"单一窗口"反馈申报人，简化通关手续、降低通关费用。单一窗口页面如图14-3所示。

图14-3 单一窗口页面

4. 跨境境内服务商

（1）跨境电子商务企业境内代理人

跨境电子商务企业境内代理人是指开展跨境电子商务零售进口业务的境外注册企业所委托的境内代理企业，由其在海关办理注册登记，承担如实申报责任，依法接受相关部门监管，并承担民事责任。

（2）跨境电子商务平台企业

跨境电子商务平台企业是指在境内办理工商登记，为交易双方（消费者和跨境电子商务企业）提供网页空间、虚拟经营场所、交易规则、信息发布等服务，设立供交易双方独立开展交易活动的信息网络系统的经营者。

（3）支付企业

支付企业是指在境内办理工商登记，接受跨境电子商务平台企业或跨境电子商务企业境内代理人委托为其提供跨境电子商务零售进口支付服务的银行、非银行支付机构以及银联等。

（4）物流企业

物流企业是指在境内办理工商登记，接受跨境电子商务平台企业、跨境电子商务企业或其代理人委托为其提供跨境电子商务零售进出口物流服务的企业。

（5）消费者（订购人）

消费者（订购人）是指跨境电子商务零售进口商品的境内购买人。

（6）跨境电子商务通关服务平台

跨境电子商务通关服务平台是指由电子口岸搭建，实现企业、海关以及相关管理部门之间数据交换与信息共享的平台。适用"网购保税进口"进口政策的城市有：天津、上海、重庆、大连、杭州、宁波、青岛、广州、深圳、成都、苏州、合肥、福州、郑州、平潭、北京、呼和浩特、沈阳、长春、哈尔滨、南京、南昌、武汉、长沙、南宁、海口、贵阳、昆明、西安、兰州、厦门、唐山、无锡、威海、珠海、东莞、义乌37个城市（地区）。

三、跨境电子商务进出口监管模式

（一）跨境电子商务进口监管模式

1. 1210（保税进口模式）

监管方式代码"1210"，全称"保税跨境贸易电子商务"，简称"保税电商"。适用于境内个人或电子商务企业在经海关认可的电子商务平台实现跨境交易，并通过海关特殊监管区域或保税监管场所进出的电子商务零售进出境商品（海关特殊监管区域、保税监管场所与境内区外（场所外）之间通过电子商务平台交易的零售进出口商品不适用该监管方式）。

对跨境电子商务直购的进口商品及适用"网购保税进口"（监管方式代码1210）进口政策的商品，按照个人自用进境物品监管，不执行有关商品首次进口许可批件、注册或备案要求。但对相关部门明令暂停进口的疫区商品和对出现重大质量安全风险的商品启动风险应急处置时除外。

2. 1239（保税电商 A 模式）

监管方式代码"1239"，全称"保税跨境贸易电子商务 A"，简称"保税电商 A"。适用于境内电子商务企业通过海关特殊监管区域或保税物流中心（B 型）一线进境的跨境电子商务零售进口商品。保税电商 A 模式，如图14-4所示。

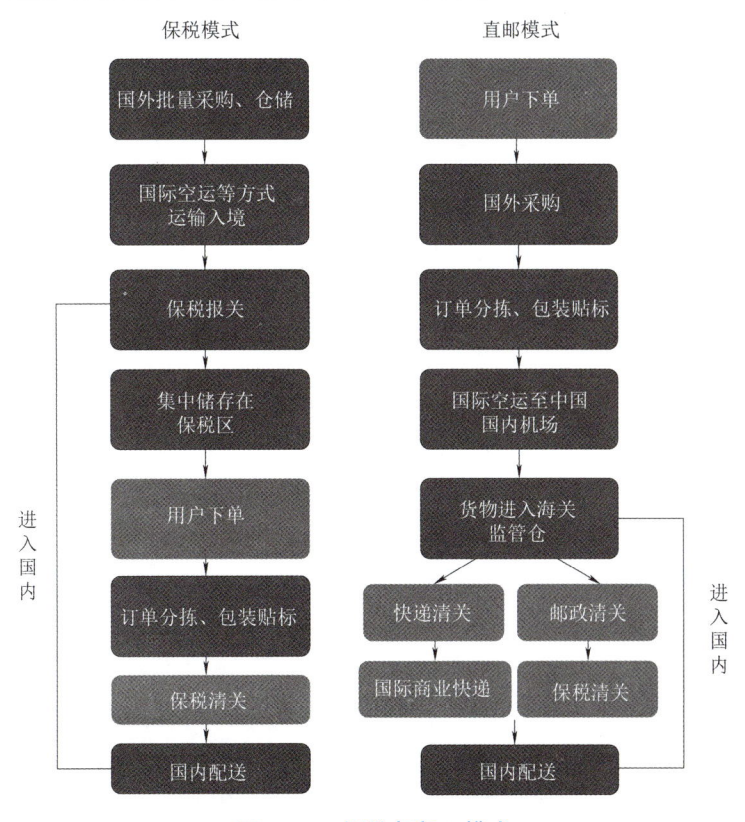

图 14-4 保税电商 A 模式

适用"网购保税进口 A"（监管方式代码 1239）进口政策的商品，按《跨境电子商务零售进口商品清单（2018 版）》尾注中的监管要求执行。网购保税进口商品可在海关特殊监管区域或保税物流中心（B 型）间流转，按有关规定办理流转手续。

以"网购保税进口"（监管方式代码 1210）海关监管方式进境的商品，不得转入适用"网购保税进口 A"（监管方式代码 1239）的城市继续开展跨境电子商务零售进口业务。网购保税进口商品可在同一区域（中心）内的企业间进行流转。

3. 9610（直购进口模式）

海关监管方式代码"9610"，全称"跨境贸易电子商务"，简称"电子商务"，俗称"集货模式"。适用于境内个人或电子商务企业通过电子商务交易平台实现交易，并采用"清单核放、汇总申报"模式办理通关手续的电子商务零售进出口商品。

因为跨境电子商务有着小额多单的特点，传统 B2C 出口企业，在物流上主要采用航空小包、邮寄、快递邮政小包、快件等方式，报关主体是邮政或快递公司，该模块贸易都没有纳入海关统计，海关新增的 9610 代码将跨境电子商务的监管独立出来，有利于规范和监管。

简而言之，商家将多个已售出商品统一打包，通过国际物流运送至国内的保税仓库，电商企业为每件商品办理海关通关手续，经海关查验放行后，由电商企业委托国内快递派送至消费者手中。每个订单附有海关单据。直购进口模式如图 14-5 所示。

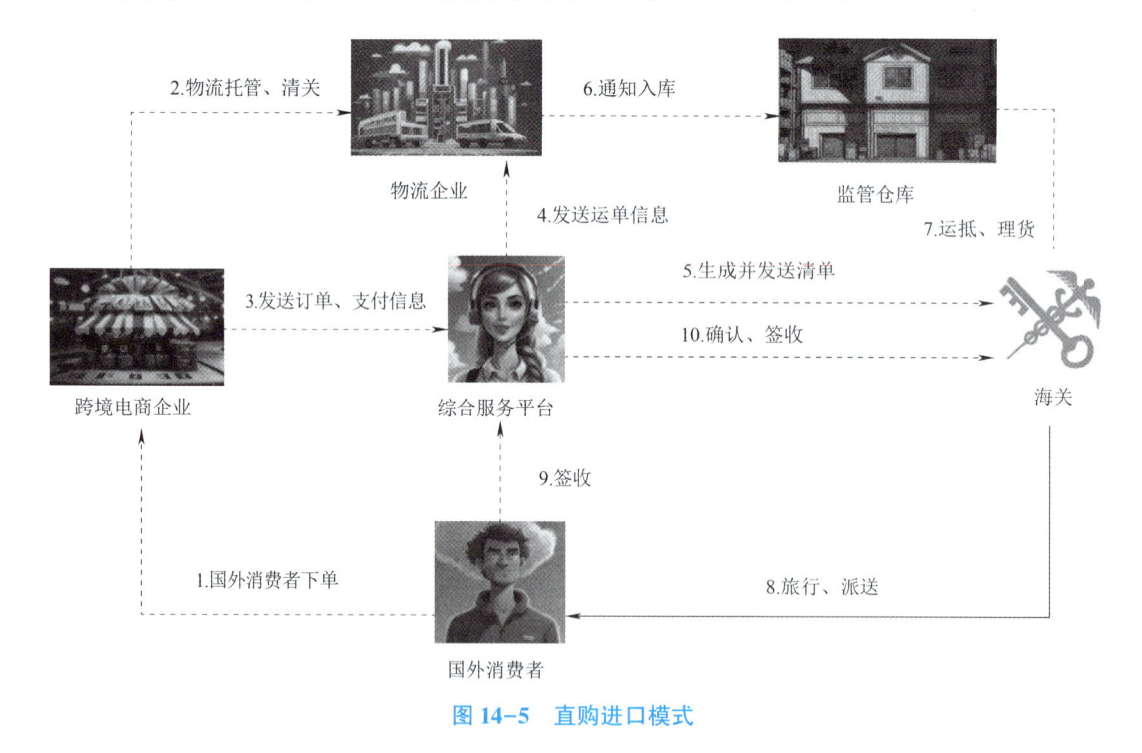

图 14-5 直购进口模式

（二）跨境电子商务出口监管模式

1. 9610（零售直邮出口）

关于增列海关监管方式代码的公告（海关总署公告 2014 年第 12 号）全称"跨境贸易电子商务"，适用于境内个人或电子商务企业通过电子商务交易平台实现交易，并采用"清单核放、汇总申报"模式办理通关手续的电子商务零售进出口商品（通过海关特殊监管区域或保税监管场所一线的电子商务零售进出口商品除外）。9610 适合跨境出口电商进行小批量零售交易并直邮出口，不涉及采用保税仓或海外仓模式，可以合规取代过去跨境出口电商常用的个人邮政小包模式。零售直邮出口模式如图 14-6 所示。

视频 13：跨境电子商务出口监管模式

图 14-6 零售直邮出口模式

2. 1210（保税出口）

关于增列海关监管方式代码的公告（海关总署公告 2014 年第 57 号）全称"保税跨境贸易电子商务"，适用于境内个人或电子商务企业在经海关认可的电子商务平台实现跨境交易，并通过海关特殊监管区域或保税监管场所进出的电子商务零售进出境商品（海关特殊监管区域、保税监管场所与境内区外（场所外）之间通过电子商务平台交易的零售进出口商品不适用该监管方式）。1210 适合跨境出口电商通过保税仓开展零售业务。保税出口模式如图 14-7 所示。

3. 9710（B2B 直接出口）

关于开展跨境电子商务企业对企业出口监管试点的公告（海关总署公告 2020 年第 75 号）全称"跨境电子商务企业对企业直接出口"，适用于跨境电子商务 B2B 直接出口的货物。即境内企业通过跨境电子商务平台与境外企业达成交易后，通过跨境物流将货物直接出口送达境外企业。9710 可以合理取代跨境出口电商过去常用的 0110 模式，典型场景是通过香港公司向境内运营公司直接采购。

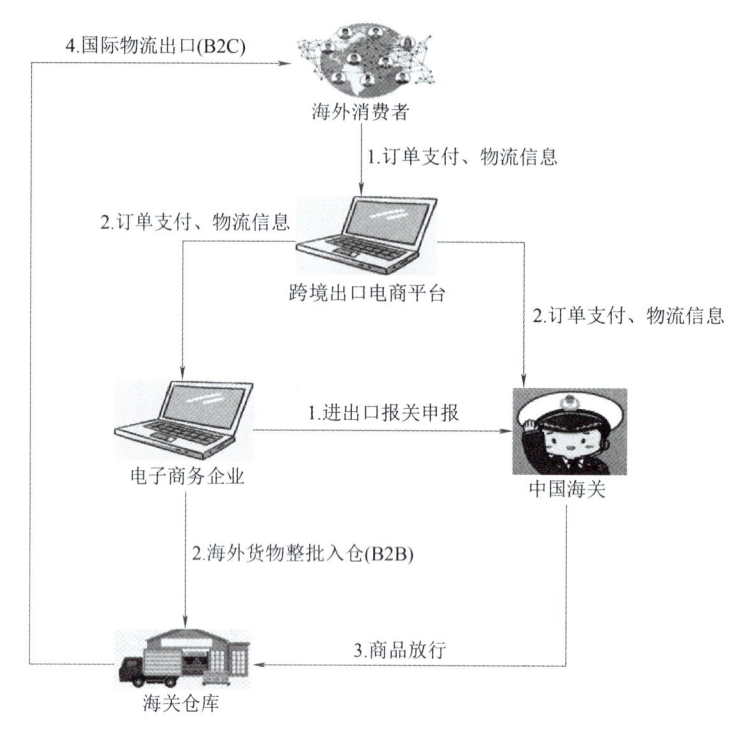

图 14-7　保税出口模式

4. 9810（出口海外仓）

关于开展跨境电子商务企业对企业出口监管试点的公告（海关总署公告 2020 年第 75 号）全称"跨境电子商务出口海外仓"，适用于跨境电子商务出口海外仓的货物。境内企业将出口货物通过跨境物流送达海外仓，通过跨境电子商务平台实现交易后从海外仓送达购买者。9810 适合跨境出口电商自建或租赁海外仓的，典型场景是境内企业通过 9810 模式报关出口后将货物送至海外仓（与 9710 的区别在于，此时货物的所有权不转移），待电商平台上消费者下达订单后再将货物送达消费者。

跨境电子商务出口业务的四种专属监管代码均有其适用的业务特点，企业可基于其产品或业务的特点，以及各监管方式的优势或不足，选择最为便利高效的通关方式。具体对比如表 14-1 所示。

表 14-1　跨境出口电商业务四种监管方式的简要对比

监管代码	9610	1210	9710	9810
运输方式	直邮出口	特殊监管区域出口	出口到跨境企业	出口到海外仓
监管方式	跨境贸易电子商务	保税跨境电子商务	跨境企业直接出口	跨境出口海外仓
业务类型	B2C	B2C	B2B	B2B2C
交易对象	境外消费者	境外消费者	境外企业	境外消费者

续表

监管代码	9610	1210	9710	9810
跨境电子商务出口企业管理	1. 跨境企业在所在地办理信息登记 2. 在所在地海关办理登记，并办理报关业务	1. 跨境企业在所在地办理信息登记 2. 在所在地海关办理登记，并办理报关业务	跨境电子商务企业依据报关单位备案规定，向所在地海关办理备案	1. 在所在地海关办理登记，并办理报关业务 2. 在海关办理出口海外仓业务备案 3. 企业信用要在一般信用等级以上

第 4 部分　任务训练

跨境电子商务通关	
实训地点：校内实训室	建议学时：4
小组成员： ||//
实训成果： （一）跨境电子商务进出口海关监管模式	

续表

（二）跨境电子商务出口通关流程

评分标准

评价指标	评价内容	分值	学生自评	小组互评	教师评价
职业素养	分工合理，相互协助	15			
	遵守行业规范，严谨认真	10			
	按时按质按量完成任务单	15			
专业能力	任务结果时效性强，数据准确	20			
	能采用信息化手段收集资料	15			
	创新性思维和能力	15			
	自学与发展能力	10			
	合计	100			

指导教师： 日期：

课证融通·在线自测

任务 15　跨境电子商务物流管理

第 1 部分　情景导入

在跨境电子商务的整个流程中，物流是一个关键环节。相比国内电商，跨境电子商务在物流方面有着显著差异，比如物流成本高、配送周期长、流程复杂等。浙江诸暨霖德袜业有限公司跨境电子商务部主管章晓智需对跨境物流的各种方式和渠道有一个基本认识，选择合理的物流方式，以及注重物流风险防范。

第 2 部分　任务发布

一、实训目的
1. 认识跨境物流方式
2. 了解跨境物流运费计算

二、实训组织
在教师的指导下，以小组为单位，围绕跨境物流的主题，查阅资料，进行整理和分析，提交任务单。

三、实训内容
1. 查阅资料，收集位居国际前列的船舶公司和航空公司
2. 比较跨境电子商务物流服务商
3. 结合跨境交易商品特点制定合理的物流方案

第 3 部分　学习引导

一、跨境物流概念

跨境电子商务运作过程中涉及信息流、商流、资金流、物流。其中，信息流、商流、资金流都可以通过线上实现，只有物流环节必须要在线下完成。高效率、高质量、低成本的物流是促进跨境电子商务发展的保证。

文档 7：国际货物常见运输方式

跨境电子商务物流是指采用现代物流技术，利用国际化的物流网络，选择最佳的方式与路径，以最低的费用和最小的风险，实现货物在国际间的流动与交换。

现阶段采用较多的跨境物流方式主要有邮政物流、商业快递、专线物流、海外仓储等。

二、跨境物流方式

在跨境电子商务业务中，卖家需要考虑如何将订单的货物发到境外去，卖家要考虑如何优化物流成本，提升客户体验。因此，跨境电子商务卖家必须要了解跨境物流方式，根据订

单实际情况选择最合适的物流方式。

(一) 国际邮政物流

目前,国际邮政网络覆盖全球 220 多个国家和地区,在设置有邮局的国家和地区都可以实现通邮,邮件可寄送到全球所有国家和地区,比任何物流渠道网络覆盖都要广泛。这种物流模式得益于万国邮政联盟。

万国邮政联盟(Universal Postal Union,UPU)简称万国邮联,是协商邮政事务的国际组织,目标是组织和改善国际邮政业务,发展邮政方面的国际合作,给予会员所要求的邮政技术援助。

国际邮政小包是跨境电子商务贸易、海淘、境外代购最主要的跨境物流模式。在万国邮政联盟中,跨境电子商务使用较多的有中国邮政、新加坡邮政、中国香港邮政、英皇邮政、比利时邮政、俄罗斯邮政、德国邮政、瑞士邮政等。以中国为例,据不完全统计,目前跨境电子商务中有超过 70% 的商品是通过国际邮政小包运输的。国际邮政小包有价格便宜、方便个人操作实现通关等优势,同时存在递送时间久、包裹丢失率高、非挂号件难以追溯进度等劣势。

国际邮政小包适合轻、小型商品,对于货物体积、重量、形状等方面限制较高,如含粉末、液体等的特殊商品无法通过邮政渠道实现通关。

1. 中国邮政国际大包(China Post Air Parcel)

中国邮政国际大包有三种服务方式,分别为航空运输、水陆运输和空运水陆路运输,寄达全球 200 多个国家。价格低廉,清关能力强,对时效性要求不高而稍重的货物,可选择使用此方式发货。

(1) 资费标准、体积和重量限制

中国邮政国际大包相关资费及体积和重量的限制根据运输物品的重量及目的国家而有所不同,具体运费参照中国邮政速递物流网站。以某跨境公司查询寄往澳大利亚的包裹为例,中国邮政国际大包资费查询结果如图 15-1 和图 15-2 所示。

图 15-1 中国邮政速递物流资费搜索页面

寄递产品	寄件方式	计费重量	计费规则	保价服务	预估运费	预计时效
中国邮政 CHINA POST EMS 国际特快专递	上门取件 网点自寄	6kg	首重（500g）210元 续重（每500g）55.0元	未保价	¥819	预计预计2023-11-06投递，全程11天（注：含周末和节假日1天）前送达
中国邮政 CHINA POST EMS 国际水陆路包裹	网点自寄	1kg	首重（1kg）88.8元 续重（每1000g）15.0元	未保价	¥92.8	暂不支持时效标准查询
中国邮政 CHINA POST EMS 国际航空包裹	网点自寄	1kg	首重（1kg）143.8元 续重（每1000g）70.0元	未保价	¥147.8	暂不支持时效标准查询
中国邮政 CHINA POST EMS 国际空运水陆路包裹	网点自寄	1kg	首重（1kg）117.2元 续重（每1000g）53.4元	未保价	¥121.2	暂不支持时效标准查询

温馨提示：
1、您可以通过邮编查询国际（地区）特快专递卡哈拉路向邮件的服务时效标准，卡哈拉路向包括中国香港HK、日本JP、韩国KR、泰国TH、英国GB、法国FR、西班牙ES、美国US、澳大利亚AU、加拿大CA；
2、时效标准天数是指工作日，不包含交寄日、周末和节假日，时效为参考时效，非承诺时效；
3、因海关查验、申报信息不完整或错误、天气、疫情等不可抗力因素影响，时效在原基础上顺延。
4、以上运费仅供参考，详询各地邮政。

去寄件

图 15-2 寄往澳大利亚的中国邮政大包资费查询结果页面

（2）跟踪查询

通过中国邮政官方查询。

（3）体积限制

单边≤1.5 米，长度+长度以外的最大横周≤3 米；单边≤1.05 米，长度+长度以外的最大横周≤2 米；中国邮政大包最小尺寸限制为：最小边长不小于 0.24 米、宽不小于 0.16 米。

（4）优缺点

优点：成本低，尤其是该方式以首重 1 千克，续重 1 千克的计费方式结算，价格比 EMS 低，且和 EMS 一样不计算体积重量，没有偏远附加费，较商业快递有绝对的价格优势；通达国多，中邮大包可通达全球大部分国家和地区，且清关能力非常强；运单操作简单。

缺点：部分国家限重 10 千克，最重不超过 30 千克；妥投速度较慢；物流查询信息更新慢。

2. 中国邮政国际小包（China Post Air Mail）

中国邮政国际小包，俗称“中邮小包”“空邮小包”“航空小包”，是指重量一般在 2 千克以内，外包装长、宽、高之和小于 90 厘米，且最长边小于 60 厘米，通过邮政空邮服务寄往国外的小邮包。

中国邮政国际小包可以分为中国邮政平邮小包+（China Post Ordinary Small Packet Plus）和挂号小包（China Post Registered Air Mail）两种。主要区别在于，利用挂号小包提供的物流跟踪条码能实时跟踪邮包在大部分目的国家的实时状态，平邮小包只能通过面单条码以电话查询形式查询到邮包在国内的状态。

（1）资费标准

中国邮政国际小包相关资费、体积和重量的限制根据运输物品的重量及目的国家而有所不同，具体运费参照中国邮政速递物流网站。具体查询方法可参考中国邮政国际大包的资费查询。

（2）参考时效

由于中国邮政并未对中国邮政国际小包寄递时设定参考时效，时效标准指的是工作日，不包含交寄日、周末和节假日，具体可以参考中国邮政速递物流网站。

(3) 跟踪查询

不受理查询；大部分国家可全程跟踪，部分国家只能查询到签收信息，部分国家不提供信息跟踪服务。查询，可登录中国邮政物流网站。

(4) 体积和重量限制

限重 2 千克；国际小包尺寸规格：长、宽、厚最大合计 900 毫米，最长一边不得超过 600 毫米，公差不超过 2 毫米。圆卷状的，直径的两倍和长度合计 1 040 毫米，长度不得超过 900 毫米，公差 2 毫米。同时，至少有一面的长度不小于 140 毫米，宽度不小于 90 毫米，公差 2 毫米。圆卷状的，直径的两倍和长度合计 170 毫米，长度不得少于 100 毫米。

3. 其他国家或地区的邮政小包

邮政小包是使用较多的一种国际物流方式，依托万国邮政联盟网点覆盖全球，其对于重量、体积、禁限寄物品要求等方面均存在很多的共同点。然而不同国家和地区所提供的邮政小包服务却或多或少存在着一些区别，主要体现在不同区域会有不同的价格和时效标准，对于承运物品的限制也不同。

为了让卖家能综合灵活地使用各种小包渠道，常用的邮政小包的特点如表 15-1 所示。

表 15-1 常用邮政小包特点介绍

邮政小包	特点
香港小包	时效中等，价格适中，处理速度较快，物流信息上网速度快
瑞士邮政小包	欧洲线路的时效性较快，但价格相对较高；欧洲通关能力强，欧洲大部分国家免报关
瑞典小包	欧洲线路的时效较快，俄罗斯通关及投递速度较快，且价格较低；安检对带电池的产品管制不太严格，可用于寄递带电产品

4. E 邮宝（ePacket）

E 邮宝是中国邮政为跨境轻小件物品寄递需要提供的标准类直发寄递业务，是中国邮政速递物流旗下的国际电子商务业务。该业务为客户提供价格优惠、时效稳定的跨境轻小件寄递服务。E 邮宝目前可以发往美国、澳大利亚、英国、加拿大、法国和俄罗斯。

(1) E 邮宝的资费

相关资费、体积和重量的限制根据运输物品的重量及目的国家而有所不同，具体运费参照中国邮政速递物流网站。E 邮宝资费查询结果如图 15-3 所示。

图 15-3 E 邮宝资费查询结果

（2）E 邮宝的参考时效

全程平均参考时效（物流时效）7~15 个工作日。

（3）E 邮宝的跟踪查询

美国、澳大利亚和加拿大等国家业务提供全程时限跟踪查询。卖家可以登录邮政物流官方网站查询。

（4）E 邮宝的体积和重量限制

单件最大尺寸：长、宽、厚合计不超过 90 厘米，最长一边不超过 60 厘米。圆卷邮件直径的两倍和长度合计不超过 104 厘米，长度不得超过 90 厘米。单件最小尺寸：长度不小于 14 厘米，宽度不小于 11 厘米。圆卷邮件直径的两倍和长度合计不小于 17 厘米，长度不小于 11 厘米。

（二）国际商业快递

1. DHL

DHL 是全球快递市场的领导者。企业通过 DHL 广泛的网络，结合航空和地面的运输方式以达到最优化的递送效率，在全球快速、安全和及时的运送货物，为客户提供从文件到供应链管理的全系列的物流解决方案。

（1）资费标准

可登录 DHL 网站查询价格。

（2）包裹查询

可登录 DHL 国际快递查询网站对包裹进行跟踪。

（3）体积和重量限制

DHL 体积重量计算公式为：长（厘米）×宽（厘米）×高（厘米）/5 000，如果货物体积重量大于实际重量，则按体积重量计费，二者取较大者。具体的要求可以参考公司网站。

2. UPS

UPS 国际快递是一家全球性的公司。作为世界上最大的国际快递承运商与包裹递送公司之一，UPS 国际快递同时也是专业的运输、物流的提供者。企业提供服务覆盖范围广，清关能力强，时效快。适合运送高价值、时效要求高的物品。

（1）资费标准

可登录 UPS 网站查询价格。

（2）包裹查询

客户可登录 UPS 国际快递查询网站对包裹进行跟踪。

（3）体积和重量限制

每件包裹的重量上限为 70 公斤；每件包裹的长度上限为 274 厘米；每件包裹尺寸上限为 400 厘米(长+周长[(2×宽)+(2×高)])；每批货件总重量与包裹件数并无限制。

3. FedEx

FedEx 国际快递公司是全球最具规模的国际快递公司之一，服务范围遍及 220 个国家及地区，服务覆盖范围广，安全可靠，时效快，门到门的国际快递服务。适合运送较高价值、对时效要求较高的货件。服务分为优先型（IP）和经济型（IE）。

（1）资费标准

可登录 Fedex 网站查询价格。

（2）包裹查询

客户可登录 Fedex 国际快递查询网站对包裹进行跟踪。

（3）体积和重量限制

运送包裹重量不能超过 68 公斤（150 磅）、长度不能超出 274 厘米（108 英寸），而长度及周长不能超出 330 厘米（130 英寸）；每板货物重量是 68 公斤（150 磅）或以下。运送重量超过 1 000 公斤（2 200 磅）或高度超出 178 厘米（70 英寸）、长度超出 302 厘米（119 英寸）或宽度超出 203 厘米（80 英寸）的每板货物应先取得批准；如包裹重量超过 34 公斤（75 磅），联邦快递会在包裹对角位上贴上黄黑色的重件安全标签。

4. TNT

TNT 是四大国际快递巨头之一，是全球领先的快递和邮政服务提供商之一。企业网络覆盖世界 200 多个国家，提供全球整合性物流解决方案。此外，TNT 还为澳大利亚以及欧洲、亚洲的许多主要国家提供业界领先的全国范围快递服务。TNT 国际快递的优势首先体现在快捷和灵活方便两个方面。此外，TNT 公司在货源配送中心设立了专门的集中配送、中转和控制中心，运输工具仓储中心等设施，保证了货物运输的及时性。

（1）资费标准

可登录 TNT 网站查询价格。

（2）包裹查询

客户可登录 TNT 国际快递查询网站对包裹进行跟踪。

（3）体积和重量限制

如果单个包裹重量小于或等于 70 公斤（某些国家不同），将收取超长超重附加费，每个包裹的总重量不受限制；最长边≤120 厘米（超限加收超长超重费）。

（三）国际专线物流

国际专线物流是跨境电子商务国际物流较常用的运作模式之一，通过集中、大批量地向同一特定国家（地区）运送货物。常见的国际物流专线有：日本专线、韩国专线、新加坡专线、澳大利亚专线、美国专线、加拿大专线、墨西哥专线、巴西专线、拉美专线、中欧专线、俄罗斯专线、以色列专线、土耳其专线、泰国专线等，基本涵盖目前路邮的所有国家。

（1）国际专线的优点

专线物流是目前国际物流中性价比较高的一类渠道，在资费上远低于商业快递，在时效上远高于邮政小包，属于时效与价格都具有一定优势的物流渠道，性价比较高；货物运送范围广泛涉及许多敏感物品，例如液体、化妆品、带电产品等物品；提供优质物流服务，例如 DDP 预付关税、双清包税等。

（2）国际专线的缺点

国际专线运费相较于邮包仍然较高；物流信息不详细，买家不能及时获得物流的信息动态。

（四）海外仓

海外仓是指建立在海外的仓储设施。在跨境贸易中，海外仓是指国内卖家将商品通过大宗运输的形式运往目标市场国家，在当地建立仓库、储存商品，再根据当地的订单，及时从当地仓库直接进行分拣、包装和配送，是为了提升出口卖家的订单交付能力。

1. 海外仓的运营模式

海外仓相较于传统的跨境物流模式，极大提高了时效，节约了成本。实现目的国本土配送，可以和当地的企业竞争。海外仓的模式分类有三种，分别是第三方海外仓、平台海外仓（以亚马逊FBA仓为主）以及自营海外仓。

（1）第三方海外仓

第三方海外仓由第三方企业（多数为物流服务商）建立并运营的海外仓，卖家可租赁使用，实现海外仓运输业务。如顺丰国际海外仓，是顺丰国际针对发往俄罗斯、东欧、北欧、英国以及欧盟国家等跨境电子商务卖家量身打造的一站式物流供应链服务。

（2）平台海外仓

平台海外仓是由跨境电子商务平台官方为卖家提供的一种发货模式。LGF是Lazada平台推出的专门针对跨境卖家提供的海外仓服务。卖家将货物发到平台的海外仓库进行储存，待买家下单后，商品直接从海外仓进行发货，大大缩短物流时间，并且保证时效性。目前该服务仅对马来西亚市场开放。

亚马逊FBA仓指依托亚马逊平台建立的仓储配送物流体系。FBA仓是亚马逊提供的包括仓储、拣货打包、派送、收款、客服与退货处理的一条龙式物流服务。

（3）自营海外仓

自营海外仓即卖家自己建造的海外仓库，自建仓卖家自己管理仓库，相对灵活，但卖家也需要自己解决仓储、报关、物流运输等一系列问题。此类自建仓适合大型电商企业或大型进出口企业设立，对企业自身实力要求较高。

2. 海外仓发货操作流程

海外仓发货操作流程主要包括头程运输、货物到达之后的仓储管理和尾程运输（本地配送）三个环节。

（1）头程运输

跨境卖家可以根据自身需求，选择合适的物流方式将商品运送至海外的亚马逊仓库。

（2）仓储管理

卖方可通过物流信息系统进行物流仓储管理。

（3）尾程运输

货物到达中转仓储中心后，海外仓储中心将货物通过本地邮寄或快递方式送达客户。当卖家的商品售出后，物流企业协助卖家将存储于仓库的商品配送给买家，同时提供相应的售后服务。

（五）跨境国际物流方式选择

随着跨境物流服务的不断升级，买家越来越关注物流的时效和质量。跨境实际交易中，卖家需要根据产品特点、目标市场的需求，选择最合适的跨境物流方式。因此，选择合适的物流方式要综合考虑各方面因素。

1. 选择跨境物流方式的考虑因素

（1）运输价格

物流成本是跨境产品价格的重要组成部分，因此，卖家要控制物流的成本。

（2）运输时效

目标市场的物流基础设施不同，导致产品的运送时效存在差异，欧美市场基础设施相对完善，但是由于罢工等因素影响物流运力；新兴市场物流基础设施相对薄弱，主要依赖邮政系统配送。因此，卖家在发货的时候要预先考虑时效问题。

（3）运输质量

在跨境物流中，从物流揽件到买家收到货物的过程中，往往存在延误、破损、丢包的风险。因此，卖家在选择物流企业的时候要尽量选择信用较好、运力较强的物流企业。

（4）运输服务

卖家除了要关注物流的时效性之外，更要关注物流服务的质量，主要包括清关能力、信息准确性、客服反应和处理问题能力等。

2. 主流跨境物流方式对比

主流跨境物流方式对比如表15-2所示。

表15-2　主流跨境物流方式对比

方式	优点	缺点	价格和时效
邮政小包	基本覆盖全球，价格非常便宜	对重要尺寸有严格要求，无法享受正常出口退税	价格低，20~50天
E邮宝	速度较快，费用低于普通国际EMS，通关能力强	仅限2千克以下包裹，目的国相对少，上门取件城市有限	价格低，7~20天
中邮EMS	速度较快，费用低于四大国际商业快递，EMS中国境内的出关能力强	并非专注于跨境业务，相对缺乏经验，目的国数量比较有限	价格较高，5~10天
四大国际商业快递	速度快，服务好，丢包率低，发往欧美发达国家非常方便	价格昂贵，资费变化大，只有在货值高、客户强烈要求、有时效性的情况下才会使用	价格高，3~7天
专线物流	集中大批量货物发送，价格比商业快递低，速度快于邮政小包，丢包率比较低	相比邮政小包运费较高，且在国内的揽收范围相对有限	价格中等，俄罗斯专线10~20天
集货物流+海外仓	可降低物流成本，提供灵活可靠的退换货方案，发货周期缩短，发货速度加快	有库存占用，适用于库存周转快的热销单品，标准化、重量偏重、体积大，对卖家供应链管理等提出更高要求	综合价格较高，本地快递时效高，2~5天

三、跨境物流运费计算

卖家在计算物流费用的时候要注意以下几个方面：

1. 首重和续重

中国邮政平常小包+运费根据包裹重量按克计费。30 克及以下的包裹按照 30 克的标准计算运费，30 克以上的包裹按照实际重量计算运费。单件包裹限重在 2 千克以内，免挂号费；中国邮政挂号小包的运费根据包裹重量按克计费，每个包裹限重在 2 千克以内；E 邮宝运费根据包裹重量按克计费，美国、俄罗斯、新西兰、日本，按照 50 克起重计费，其他国家和地区无起重要求；四大国际快递 DHL、UPS、FedEx、TNT，计费重量最小单位是 0.5 千克，不足 0.5 千克的按 0.5 千克计费，超过 0.5 千克不超过 1 千克的按 1 千克计费，以此类推。例如：1.67 千克就按 2 千克计费；21 千克以上一般直接按照每千克计费，多出 1 千克不超过第二个 1 千克 计费重量要多加 1 千克。例如 34.1 千克要按 35 千克计费。

2. 运费费率

各个不同的物流方式设置不同的运费费率，如表 15-3~表 15-6 所示。

表 15-3　中国邮政平台小包+的运费费率表（节选）

国家/地区	包裹重量 30 克及以下 首重价格（首重 30 克）	包裹重量为 30~80 克 首重价格（30 克）	包裹重量为 30~80 克 高出 30 克的配送服务费（根据包裹重量按克计）	包裹重量为 80 克以上 首重价格（30 克）	包裹重量为 80 克以上 高出 30 克的配送服务费（根据包裹重量按克计）
	元	元	元/千克	元	元/千克
俄罗斯	6.39	6.39	66.71	6.39	50.63
美国	7.21	7.21	74.96	7.21	56.79
法国	7.44	7.44	73.36	7.44	54.14
英国	7.49	7.49	73.11	7.49	53.68
澳大利亚	7.45	7.45	71.62	7.45	52.19
德国	7.36	7.36	71.63	7.36	52.53

表 15-4　E 邮宝的运费费率表（节选）

国家/地区	资费标准 挂号费/(元·单$^{-1}$)	资费标准 运费/(元·千克$^{-1}$)	起重/千克	限重/千克
美国	15	64	50	100
俄罗斯	18	55	1	2 000
法国	19	60	1	2 000

续表

国家/地区	资费标准		起重/千克	限重/千克
	挂号费/(元·单$^{-1}$)	运费/(元·千克$^{-1}$)		
澳大利亚	19	60	1	2 000
巴西	25	80	50	2 000

表 15-5　中国邮政挂号小包的运费费率表（节选）

国家/地区	0~150 克（含 150 克）		151~300 克（含 300 克）		300~2 000 克	
	正向配送费（根据包裹重量按克计费）元/千克	挂号服务 Cost by parcel 元/单	正向配送费（根据包裹重量按克计费）元/千克	挂号服务 Cost by parcel 元/单	正向配送费（根据包裹重量按克计费）元/千克	挂号服务 Cost by parcel 元/单
俄罗斯	60	21	60	20.5	52.5	21.5
美国	53	18	53	18	53	18
法国	68	12	58	13	58	13
英国	52	15.5	51	15.5	50	15.5
澳大利亚	65	14.5	54	16	54	16
德国	60	15	53	16	48	17

表 15-6　4PX 全球速递标准（普货）

国家/地区	重量/千克	收费标准	
		首重 0.5 千克/元	续重 0.5 千克/元
法国	0~30	56	25
德国	0~20	52.5	26.5
西班牙	0~20	90	28
日本	0~20	50	16

除了中国邮政平常小包+、顺友航空经济小包和燕文航空经济小包等经济类物流基本不收取挂号服务费，中国邮政挂号小包、E 邮宝、4PX 新邮挂号小包和燕文航空挂号小包等标准类物流都要收取挂号服务费并提供全程物流跟踪信息。

国际商业快递的物流费用构成主要包括国际快递费（按照包裹实际测量为准，体积重与实重取较大的计费）及燃油附加费，还会根据包裹的实际情况，收取报关代理费、偏远地区附加费、换包装费等，具体以官方信息为准。

浙江康达电子商务有限公司在速卖通平台上主要经营运动户外产品，近日业务助理李明收到一封来自俄罗斯客户的询盘，客户想尽快下单购买 20 个运动帽，但是比较纠结跨境物流运费问题。李明经查询获悉 20 个运动帽的包装重量为 1.10 千克，体积为 25 厘米×18 厘米×18 厘米，请据此回答以下问题。

（1）请问是否可以使用 E 邮宝发货，如果可以使用请计算跨境物流运费。（E 邮宝发往俄罗斯标准资费 0.092 元/克，起重 50 克，操作处理费为 10 元/个，因属协议客户李明享受标准价基本运费 95 折）

（2）假如客户选择 DHL 运输，试计算跨境物流运费。（DHL 发往俄罗斯业务资费 0.5～2 千克，首 0.5 千克为 162.90 元，续 0.5 千克为 35.60 元，燃油附加费率 10.5%）

3. 是否属于轻抛货

抛货又叫泡货。在跨境物流业中，抛货是指体积大而重量轻的货物。空运、快递体积重量在计算公式长（厘米）×宽（厘米）×高（厘米）/6 000，如果所得的体积重量（千克）大于实际重量，按体积重量计费，称为抛货。

四大国际快递体积重计算公式：长×宽×高（厘米）/5 000 = 体积重（千克），也就是每 5 000 立方厘米就等于 1 千克，其中 UPS 有些特惠渠道是除以 6 000。

EMS 体积重计算公式：一般不计体积重量，全部按实重收费。所以 EMS 渠道比较适合邮寄大体积抛货。

四、跨境物流的风险与防范

（一）风险

1. 跨境电子商务出口海外税收风险

随着出口跨境电子商务的蓬勃发展，越来越多的国家或地区开始加强跨境电子商务税收的监管，并探索和实践跨境电子商务征税模式和路径。比如，英国规定在线销售的商品均需缴纳 17.5% 的增值税，优惠税率 5%。俄罗斯规定所有邮寄包裹需要提供收货人的个人纳税号及购物网址，以检查免税进口商品是否超额，否则包裹将退回给发货人。欧盟执行跨境贸易的增值税（Value Added Tax，VAT）规范化新法案，其主要措施包括：将"一站式"征税制度扩大到卖往欧盟的线上销售活动，取消进口低于 22 欧元进口增值税豁免政策。

2. 通关的问题

对于跨境电子商务物流来说，通关是一个大问题。在通关时，往往会出现一些意想不到的情况，比如资料补充、货物扣押等问题。除了给物流和及时性带来诸多不确定因素外，延长交货时间也会给卖家带来巨大损失。

3. 转运中途中的风险

由于跨境电子商务运输距离长，从揽件到最后物品送达需要经历多次转运，时常出现包装不到位、分拣货不专业等情况。

4. 无法准确投递

在境外投递过程中，由于买家提供的信息有误或者买家不配合提供信息，导致包裹无法准确投递而被退回。

5. 不可抗力的风险

跨境包裹在投递过程中，由于天气或者其他不可抗力的原因影响包裹的寄达时间，甚至丢包。

（二）防范措施

1. 卖家要了解出口国家的清关要求

卖家要了解出口国家的清关要求，如电子产品发往意大利、西班牙均需要 CE；商业快递发往巴西需要收件人 VAT 税号等。某些特殊国家商业快递难清关，应选择 EMS 快递或专线物流，因为邮政类依托万国邮联网络清关能力强，专线物流有专门的进口商做清关。

2. 选择可靠的物流寄送包裹

对于货值较高的货物，卖家尽量选择有实力、专业的物流渠道，比如 EMS、UPS 等四大商业快递。选择有物流赔付的物流方式，如果发生丢包、破损等情况，卖家可以得到相应的赔偿，尽量避免不必要的风险。

3. 与客户保持联系

发出包裹后，应与客户保持密切沟通，及时跟踪物流信息。如遇意外情况，及时联系客户处理问题，尽量避免无法准确投递的问题发生。

4. 关注时事

卖家要了解目标市场的政治、经济局势，避免不可抗力导致的交易无法正常进行而造成的损失。

第4部分　任务训练

跨境电子商务物流	
实训地点：校内实训室	建议学时：4

小组成员：

实训成果：

（一）国际海运

查阅资料，收集当年全球前五大港口和前五大船公司，完成下列表格。

排名	港口	船公司
1		
2		
3		
4		
5		

（二）国际航空港

查阅资料，收集当年全球五大航空港和前五大航空公司，完成下列表格。

排名	航空港	航空公司
1		
2		
3		
4		
5		

（三）比较跨境电子商务物流服务商

1. 对比四大快递公司的业务状况
2. 对比四大快递公司的优势

续表

（四）案例分析

以霖德袜业公司的产品为例，作为速卖通平台的卖家之一，如果最近有一单100双的货物要销往美国，请你综合考虑各种因素，选择一种合适的物流方式，要求写出选择的理由。

评分标准

评价指标	评价内容	分值	学生自评	小组互评	教师评价
职业素养	分工合理，相互协助	15			
	遵守行业规范，严谨认真	10			
	按时按质按量完成任务单	15			
专业能力	任务结果时效性强，数据准确	20			
	能采用信息化手段收集资料	15			
	创新性思维和能力	15			
	自学与发展能力	10			
合计		100			

指导教师：　　　　　　　　　　　　　　　日期：

课证融通·在线自测

项目八
客户服务

知识目标

1. 了解跨境电子商务客服工具
2. 理解跨境电子商务客服工作的思路
3. 掌握跨境电子商务客服工作的范畴
4. 掌握跨境电子商务客服工作的技巧

技能目标

1. 能够对客户关系管理形成正确的理解
2. 熟练处理客户问题，提升店铺服务指标
3. 能化解客服工作中的问题

素质目标

1. 培养学生诚实守信、精益求精的意识
2. 提高学生团队协作的意识

大赛直通车

"境"界"伦"商

思政案例

全球化挑战下的解决方案：Callnovo 云通讯 CRM 平台在跨境电子商务客户服务中的应用

在全球化商业环境中，跨境电子商务面临着如何有效管理和服务全球客户的挑战。Callnovo 的云通讯 CRM 平台为跨境电子商务提供了一个集成的解决方案，以提升全球客户服务效率。该平台特点包括多渠道集成，如"邮件、电话、短信、彩信、Facebook、WhatsApp"，覆盖全球 35 个语种，服务 150 多个国家和地区。这种创新的客户服务方式不仅提升了全球客户的服务体验，也提高了业务效率，节省了企业 IT 团队的开发和集成成本。通过优化客户服务流程，提高客户满意度和忠诚度，从而间接提升销售业绩。

Callnovo 云通讯 CRM 平台的应用展示了如何通过技术创新解决跨境电子商务在全球客户服务中的挑战，适应不同国家消费者的通讯习惯，提供更加个性化的服务，从而实现可持续发展，提升品牌竞争力。这为其他寻求国际化道路的企业提供了宝贵的经验和启示。

通过集成多种通讯渠道于一体的平台，Callnovo 云通讯 CRM 平台使企业能够更有效地管理全球供应链，提升国际市场的服务水平，从而在全球范围内提升品牌影响力和市场份额。此外，该平台还能够实现客户数据的集中管理和分析，帮助企业更好地理解客户需求，制定更有效的市场策略，从而提升客户服务的质量和效率。

总之，Callnovo 云通讯 CRM 平台的成功应用不仅是技术创新的典范，也是企业在全球化浪潮中寻找新的增长点的重要经验。它展示了如何利用先进的客户服务技术，提升全球客户服务效率，增强客户满意度和品牌忠诚度，为企业在全球市场中的成功提供了坚实的基础。

任务 16　跨境电子商务客户服务

第1部分　情景导入

客户在线上平台购买商品，会遇到各种各样的问题，比如对商品的疑惑、对店铺活动的理解、对物流状态的追踪、对收到货物后的质量及使用等相关问题，这些都需要客户与店铺沟通后解决。服务客户、解惑答疑，都是店铺客服工作的重点。浙江诸暨霖德袜业有限公司跨境电子商务部主管章晓智需掌握客服工作的基本思路与技巧，并在工作中不断积累实践与改进。

第2部分　任务发布

一、实训目的
1. 了解跨境电子商务售后纠纷产生的原因
2. 掌握售后纠纷处理的技巧和方法

二、实训组织
在教师的指导下，以小组为单位，围绕跨境客户服务的主题，查阅资料，进行整理和分析，提交任务单。

三、实训内容
1. 跨境电子商务的"客户服务"和传统外贸模式下的"客户服务"异同点分析
2. 如何处理不同情况下的客户投诉

第3部分　学习引导

一、跨境电子商务客服工具

（一）站内信息服务工具

1. 速卖通平台站内信或订单留言

在未达成交易之前，买家一般通过站内信与卖家建立联系，咨询产品问题。在成功下单付款之后，买卖双方就可以通过站内服务工具来相互沟通。订单留言和站内信是速卖通平台买卖双方沟通的主要方式。买卖双方关于订单的沟通都在订单留言里完成，一方面，可减少买卖双方沟通成本，避免错过重要信息；另一方面，订单留言是纠纷判责中参考证据的重要组成部分，可保证订单沟通信息的完整。站内信和订单留言沟通记录的截图都可以成为解决纠纷的重要证据。速卖通平台买家订单留言如图16-1所示。

项目八　客户服务　155

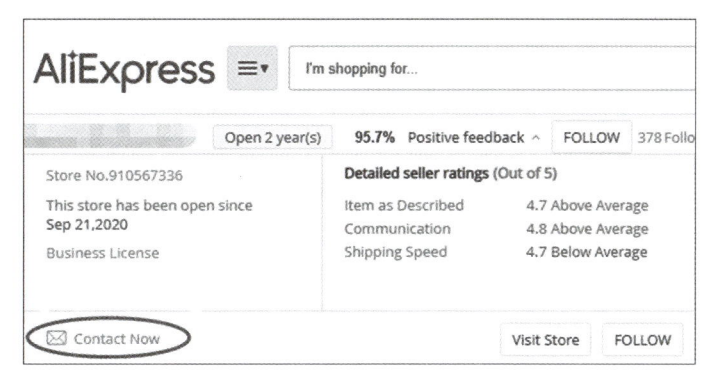

图 16-1　速卖通平台买家订单留言

2. 亚马逊平台客户留言

亚马逊买家想对产品进行咨询的时候，需要先在商家页面找到卖家。单击"Ask a question"，然后向卖家咨询，如图 16-2 所示。

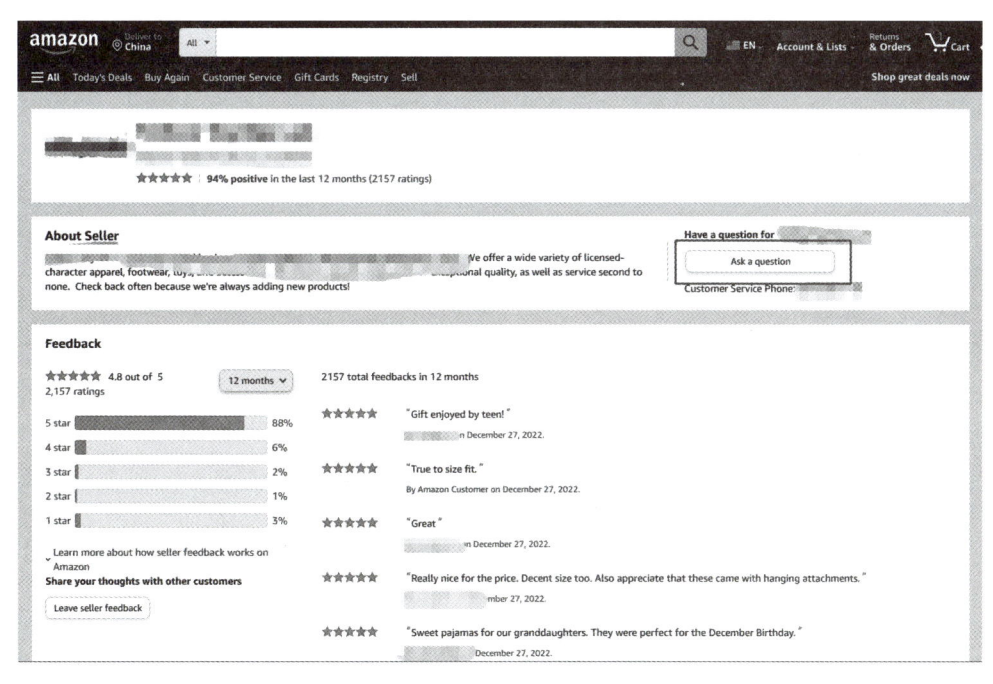

图 16-2　亚马逊平台客户留言

（二）其他辅助工具

为了和客户保持及时的沟通和联系，卖家必须要会使用邮件、电话、社交软件等工具，包括 Skype、WhatsApp、Facebook、Twitter 等。

1. Skype

Skype 是一款即时通信软件，主要功能包括视频聊天、多人语音会议、多人聊天、传送文件、文字聊天等。它可以与客户进行高清晰语音对话，并且可以实现呼叫转移、短信发送等功能。Skype 标志如图 16-3 所示。

图 16-3　Skype 标志

2. WhatsApp

WhatsApp 是一款用于智能手机之间跨平台加密即时通信的应用程序，使用互联网进行语音通话及影像通话，发送短信、文件、图片、视频、音乐、联系人信息、用户位置及录音档等。同时，该软件借助推送通知服务，可以即刻接收客户发送的信息。卖家可从发送手机短信转为使用 WhatsApp 程序，以免费发送和接收信息、图片、音频文件和视频信息。WhatsApp 标志如图 16-4 所示。

图 16-4　WhatsApp 标志

3. Facebook

Facebook（脸书，脸谱网）是社交网络服务网站，是可以发送文章、视频、图片的平台，跨境卖家可以接触到世界各地的人，直接和客户联系，可以点赞客户的主页，也可以与客户视频或者语音，可以说 Facebook 的很多功能和国内 QQ 差不多。Facebook 标志如图 16-5 所示。

图 16-5　Facebook 标志

4. Twitter

Twitter（通称推特）是社交网络及微博客服务的网站，允许用户将自己的最新动态和想法以移动电话中的短信息形式（推文）发布（发推），卖家可以通过短信、即时通信软件等方式和客户沟通。所有的 Twitter 消息都被限制在 140 个字符之内。Twitter 标志如图 16-6 所示。

图 16-6　Twitter 标志

二、跨境电子商务客服工作流程

跨境电子商务涉及多种跨境物流方式，不同国别在语言、文化、产品要求上的差异导致跨境电子商务的客服工作面临环节多、情况复杂等问题。因此，专业化的客服工作方式是行业发展和满足客户需求的必由之路。

跨境电子商务客服工作主要包括售前、售中、售后三个环节，要求客服人员在不同环节拥有不同的技能。

（一）售前客服

由于消费者来自世界各地，卖家必然要面对消费者提出的各种各样的售前咨询，客服人员需要解答的问题主要包括两类：解答消费者咨询和促进商品销售。

1. 解答消费者咨询

（1）解答关于商品的问题

售前进行咨询的消费者一般是潜在的客户。此时，客服及时、专业、高效地回复是留住客户的关键。由此可见，跨境电子商务客服除了要非常了解企业产品的规格、特性、特点之外，还必须拥有较强的沟通交流能力，能够有针对性地解答客户提出的商品问题，而不是泛泛而谈。

目前，我国的跨境电子商务出口涉及的商品主要有如下特点：

a. 单个店铺经营的商品品类多。不同于国内电商店铺往往只销售一到两种品类，国外的消费者对于"店铺"的概念相对薄弱，他们更愿意通过"商品链接"来购买商品。因此，跨境电子商务兼营多个行业、种类的商品使得客服工作变得更加复杂。

b. 国内外商品的规格存在差异。例如，服装尺码有国际、美国、欧洲、法国等尺码标准，与国内服装的尺码存在差异（表 16-1 为男装尺码对比表）。又如，欧洲、美国、日本等国家电器产品的电压和规格和国内有较大的差异。如 Type I 是英国、新加坡等国的标准插头样式，俗称"英标"；国内通用的是 D&J，但是 D 也可以在澳大利亚、新西兰照常使用；A 和 B 是美洲大多数国家通用的标准，包括美国、加拿大、墨西哥等国，但是亚洲的日本和泰国，也实行同样的插头标准。

表 16-1 男装尺码对比表

标准	国际	欧洲	美国	韩国	中国	胸围/cm	腰围/cm	肩宽/cm	适合身高/cm
尺码明细	S	46	36	90~95	165/80A	82~85	72~75	42	163~167
	M	48	38	96~100	170/84A	86~89	76~79	44	168~172
	L	50	40	101~105	175/88A	90~93	80~84	46	173~177
	XL	52	42	106~110	180/92A	94~97	85~88	48	178~182
	XXL	54	43	>110	185/96A	98~102	89~92	50	182~187
	XXXL	56	44		190/100A	103~107	93~96	52	187~190

(2) 解答关于服务的问题

跨境电子商务除了商品多样性之外，服务的实现也具有相当的复杂性。和国内电商相比，跨境电子商务需要处理更复杂的运输方式选择、海关申报清关、运输时间以及商品安全性等问题。这就要求客服透彻地了解跨境电子商务完整的流程，才有可能用较低的售后成本为国外客户妥善地解决问题。

很多商品信息在购买页面都可以被读取，但售后牵涉更多的是服务问题。一旦商品售出，客服人员所面临的是相关商品的一系列服务问题，而且相对于商品咨询，服务问题更是千差万别。商品是稳定不变的，而服务的标准与内容差别很大，客服人员在把握时难度更高。

2. 促进商品销售

跨境电子商务平台上的大额客户主要是在欧美国家于线下开展零售业务的小店铺业主，大额客户往往是通过零售客户转化而来的，这就需要客服人员具有发现潜在大客户的敏锐性。例如，潜在的大额客户会比普通的客户更重视卖家的商品丰富度、商品线的备货供应情况，以及当购买数量提升时，大额客户是否能够得到相应的折扣等。卖家持续、定期地与买家沟通，解决买家的顾虑或疑惑，与买家一起研究，提供最安全、稳妥的物流和供应方案，是最终将大额订单敲定的关键。因此，优秀的客服人员需要具备营销意识和技巧，能够将零散买家中的潜在批发买家发展为实际的、稳定的长期客户。这就是客服人员的促进产品销售的职能。

（二）售中客服

买家在付款下单后，客服应该主动核实买家的姓名、联系方式和收货地址等详细的信息。卖家在发货之后，客服应该及时将发货和物流的信息告知买家，提醒买家注意收货。这一阶段的客户服务是体现卖家服务质量最重要的阶段。

售中客服主要处理的问题包括：订单处理、物流跟踪、关联产品定向推荐、特殊订单处理与交流。售中客服主要是满足买家购物欲望和不断满足买家心理需要的服务行为，在售中阶段，卖家的服务质量是决定买家是否购买货物的重要因素，所以提高服务质量对售中客服来说至关重要，卖家应该实行售中客服规范化，对具体的内容和要求分别制订规则。

售中客服与客户沟通的主要形式包括：邮件交流、在线即时交流以及部分口语交流等。

交流时卖家应该做到主动、热情、耐心、周到，为买家提供最优质的服务解决方案，把买家的潜在需求变为现实需求，达到商品销售的目的。

(三) 售后客服

售后服务是商品售出之后为买家所提供的服务。在跨境电子商务交易中，买家在下单之前往往很少与卖家进行沟通，这就是跨境电子商务行业所说的"静默下单"。卖家要做的是，在产品描述页面上借助文字、图片、视频等对产品进行详细透彻的介绍，并说明能够提供的售前、售后服务。

1. 及时处理客户投诉和纠纷（以速卖通为例）

(1) 买卖双方产生纠纷的原因

买卖双方产生纠纷的原因大致分为：未收到货、货不对版。

a. 未收到货物主要包括：货物仍然在运输途中、运单号无法查询到物流信息、包裹丢失、包裹退回、发错地址等。

b. 买家收到商品货不对版主要包括：描述不符、货物短装、货物破损、不能正常工作等。

c. 如果买家提出的纠纷是"Personal Reasons""Easy return"和"Shipping method was not as described"这3类，不计入卖家的纠纷提起率。

(2) 卖方纠纷处理

①纠纷处于买卖双方协商阶段，速卖通平台没有介入

买家提交纠纷后，卖家应该积极和买家取得联系，双方尽量通过协商加快纠纷处理进度，卖家要及时保留相关的证据。如果卖家没有在5天内做出响应操作（拒绝或者同意纠纷协议），买家按照原路退回金额。

②平台已介入处理

如果速卖通平台介入，卖家可以继续同买家协商解决。同时，卖家也可以通过邮箱查看"平台处理意见"。平台会根据买卖双方举证的情况来裁定。

(3) 卖家应如何避免纠纷

卖家在速卖通交易过程中遇到纠纷时，如果卖家希望避免纠纷产生，应该积极联系买家协商确认。在买家提出交易疑惑时，卖方应该及时给予买家回应，主动友好协商，了解买家反馈的具体问题，并有效地给予帮助和解决。如果买卖双方无法沟通协商，后续纠纷升级到平台，平台会介入处理。

2. 客户评价管理

(1) 客户评价如何查看

买家可以登录"我的速卖通"，依次单击"交易"—"管理交易评价"，在"生效的评价"中查看评价信息；卖家可以在自己商铺上找到该产品，在页面下方有历史成交记录，同时可以看到买家给予卖家的评价。

(2) 跨境电子商务客户评分指标

DSR是指速卖通卖家服务评级系统（Detailed seller ratings），包括买家对卖家在交易中提供的商品描述的准确性（Item as described）、沟通交流的质量及反馈速度（Communication）、物品运送时效性（Shipping speed）三方面服务做出的评价（单向评分）。

(3) DSR 平均分如何提升

为提升 DSR 平均分（卖家分项评分），卖家可以分别从以下三个评分项进行优化：

DSR 商品描述（Item as described）：提高商品详情页的质量，增加商品信息，丰富商品图片。

DSR 卖家服务（Communication）：尽快回复买家消息，建立回复模板，回复时给出详细、精准的产品信息，体现客服专业性。

DSR 物流（Shipping speed）：完善物流政策和细则，如发货、运输说明、退货说明等；选择优质的物流供应商。

三、跨境电子商务客户关系管理

（一）跨境电子商务客户分类

对跨境电子商务客户进行分类是利用科学的分析方法把客户的需求或其他一些和需求相关的相似因素，对于跨境营销手段反应相似的客户进行分类，形成一些客户群。然后，卖家对不同客户分类群提供差异化的商品和服务，大大提高营销效率。更重要的是，这种客户细分的方式能够提高卖家的核心竞争力，通过增强的海外宣传力度来提升店铺的海外口碑。

客服人员可以收集与客户相关的一手资料，对客户进行分类，针对不同类型的客户提供针对性的客户服务。

（二）跨境电子商务的客户价值指标

跨境电子商务客户的价值通常包括：历史价值（过去消费记录）、潜在价值（根据买家行为考虑，RFM 模型为主要衡量依据）、附加值（主要从买家忠诚度、口碑推广等方面考虑）。

客户价值指标主要分为总体客户指标、新客户指标和老客户指标，这些指标主要从客户的贡献和获取成本两方面来衡量。

跨境卖家根据业务需求的变化，分析各指标间的关联，对所有指标进行汇总并实时调整。同时，根据具体的需求寻找各自的数据指标节点。

1. 总体客户指标

a. 访客获取成本：在统计周期内每增加一个访客所需投入的费用。

b. ROI：成交用户数占访客数的比例。

2. 新客户指标

a. 新客户数量：在统计周期内历史上首次在网站有成交的成交用户数。

b. 获取成本：在统计周期内每增加一个新成交用户所需投入的费用。

c. 客单价：在统计周期内成交用户的平均成交金额，即成交金额/成交用户数。

3. 老客户指标

a. 老客户数量：在统计周期内历史上曾在网站有成交记录的成交用户数。

b. 消费频率：在统计周期内用户在网站产生的订单数。

c. 最近一次消费的时间：用户在网站最近一次成交的发生日期。

d. 消费金额：在统计周期内用户成功完成支付的金额。

e. 重复购买率：成交用户数在未来段时间内再次发生成交的比例。

（三）RMF 模型在跨境电子商务交易中的应用

根据 R、F、M 这 3 个指标的高低组合，卖家一般会把消费者分成以下 8 类（见表 16-2），再根据不同类型的消费者进行更加精细化的运营策略。

表 16-2 RFM 消费指标

RFM 消费者类型	R（最近一次消费的时间）	F（消费频率）	M（消费的金额）
重要挽留客户	低	低	高
重要保持客户	低	高	高
重要发展客户	高	高	高
重要价值客户	高	低	高

视频：RMF 模型介绍

卖家根据销售的价值来对买家进行分析，提供相对应的运营策略：

1. 重要价值客户

重要价值客户是指在统计周期内，距离最近一次消费时间短，消费频率高且消费金额高。针对这类买家我们提供定制服务，为此类消费者提供差异化的服务。比如提供会员生日特权，定期消费慰问等。

2. 重要发展客户

重要发展客户是指在统计周期内，距离最近一次消费时间短，消费金额高但频率较低的消费者。针对这类消费者，卖家需要想办法提高此类消费者的消费频率。比如，加快产品更迭来刺激消费者，或者增加营销和折扣活动来打动消费者。

3. 重要保持客户

重要保持客户是指在统计周期内，距离最近一次消费时间较长，消费频率和消费金额都较高的消费者。针对此类消费者，卖家需要主动联系消费者，提高品牌的曝光率，加强消费者对品牌的记忆。比如，推送消费者感兴趣的产品，提高产品的认识度。

4. 重要挽留客户

重要挽留客户是指在统计周期内，消费距离时间较长，消费频率低但消费金额都较高的消费者。针对此类消费者，卖家要主动联系消费者，吸引买家来提高消费频率。比如，通过问卷来了解消费者的需求，提供消费者所需的产品和服务。

（四）跨境电子商务的客户属性分类方法

跨境电子商务客服人员可按客户的社会属性、行为属性和价值属性对客户进行分类，把有相似属性的客户归入一类，对自身商品和店铺定位根据客户的情况作相应调整。

1. 社会属性

社会属性是来自不同地理位置消费者存在的差异，不同的国家拥有不同的文化背景和消费需求。根据订单的信息，卖家以国家、地区为基准，得出主要客户群体的分布情况。例如，一款在美国销售较好，评价较高的裤子，在巴西的买家评价不理想。那么卖家要分析其中的原因，根据巴西市场的需求，产品的款式、价格、详情页进行调整，以此来吸引巴西的消费者。

2. 行为属性

客户的消费行为不同会体现出消费方式的不同。比如，有的客户喜欢打折或者免运费的商品。但是，某些卖家却更关注产品本省和物流的品质。因此，卖家在维护不同消费者的时候要了解客户真正的需求点在哪里，采用针对性的方式，诚恳地与客户沟通，以便之后为客户提供更愉快的购物体验。

3. 个性化属性

客户个性化属性如表 16-3 所示。

表 16-3 客户个性化属性

个性化属性	描述
性格、喜好	啰嗦、爽快、大方
商品属性	尺码、颜色、材质
促销属性	包邮、满减、赠品
服务属性	物流、客服要求
商品了解程度	了解、业余、专业
沟通方式	社交平台、短信、即时聊天

四、潜在客户识别与开发

（一）跨境客户识别

客户识别是卖家通过一系列的技术手段，根据客户的特征、购买记录找出企业的潜在客户和客户的需求，并以此为依据，对客户进行有效的管理和营销投放，为企业的客户关系维护提供保障。客户识别主要包括潜在客户识别和有价值客户识别。

1. 潜在客户识别

潜在客户指的是对企业的商品或者服务有需求，但尚未与企业进行交易的客户，是企业应该积极争取的客户。

跨境电子商务潜在客户主要是卖家认为对店铺产品或服务有一定兴趣的人。例如，当有人在社交平台的页面上询问产品信息的时候，卖家就可以判断为潜在客户。当有客户在卖家的 Facebook 页面上发送消息询问如何购买产品时，卖家可以判断其为潜在客户。另一种可能性是，当卖家在 Instagram 进行民意调查时，询问谁在期待黑色星期五折扣的时候，回答"是"的人可能是潜在客户。

2. 有价值客户识别

识别有价值的客户是指卖家根据自己确定的标准，将企业的客户分类为高价值客户和中低价值客户，并提供差异化的服务。

识别有价值的客户主要包括两个维度：客户价值、客户与企业的战略匹配度。

客户价值是客户购买、客户口碑、客户信息、客户知识、客户交易五种价值的总和。客户与企业的战略匹配度是定位匹配、能力匹配、价值观匹配三个匹配度的总和。根据上述两个维度，客户可分为战略客户、利润客户、潜力客户及普通客户四类。

a. 战略客户是客户价值高、战略匹配度也高的一类客户。卖家应该重点关注这类客户，与其保持长期稳定的关系。

b. 利润客户是客户价值高但战略匹配度低的一类客户。这类客户能够为卖家带来可观的利润，可适当采取激励政策，提高其在卖家店铺购买产品或服务的份额。

c. 潜力客户是战略匹配度高但客户价值低的一类客户。

d. 普通客户是战略匹配度与客户价值都低的一类客户。这类客户约占卖家客户份额的50%，他们能为企业带来一定的利润。企业需要维持这类客户，但不需要特别关照。

还有一类风险客户，不仅浪费卖家客户资源，而且不会给卖家带来相应的利润，甚至会让卖家蒙受损失。对于这类客户，卖家应该放弃。

（二）跨境客户开发

1. 展会

卖家可以有目的地、选择性地参加一些含金量较高的展会，很多大的国外厂商都会参展，比如广交会。卖家如果要参加的话，记得提前充足功课。通过展示自己的产品和服务寻找潜在客户，了解行业的最新发展情况。

2. 搜索引擎

卖家可以采用"关键词组合"的方式，通过输入产品关键词分析哪些产品的搜索量较大，搜索趋势较好。

3. 各国海关提单

美国海关提单查询地址：http://portexaminer.com

日本免费进出口统计数据查询地址：https://www.customs.go.jp/toukei/info/index_e.htm

4. 海外社交媒体

海外社媒平台主要包括：Facebook、LinkedIn、Twitter、Instagram 等，卖家可以在了解平台规则后，把平台当作店铺的宣传平台和知识的分享平台去运营，通过社交媒体找到潜在客户。

5. 跨境电子商务平台

卖家可以通过入驻跨境电子商务 B2B 平台（如阿里巴巴国际站、中国制造网），跨境电子商务 B2C 平台（如速卖通、亚马逊），发布产品，等待客户询盘。对于中小卖家来说，国外一站式供货平台 Tiger Little 是个不错的选择，相对竞争小。如果成为 Tiger Little 会员，可以享受关键词搜索前三的优惠，帮助店铺增加曝光，提高订单成交量。

6. 邮件开发客户

在 Google 中输入各国邮箱后缀空格加产品名称即可找到很多买家的邮箱。然后可以写开发信来联系客户，部分国家或者地区的公共的邮箱系统如下：

澳大利亚：@bigpond.com @westnet.com.all

美国：@netzero.net @comcast.net

新加坡：@pacific.net.sg

德国：@ t-online. de @ multi-industrie. de
英国：@ cwgsy. net @ btinternet. com

五、跨境客户流失和应对策略

（一）客户流失定义

客户流失指的是使用过产品或者服务的客户由于各种原因停止使用该产品或服务。客户流失率过高，不仅会给卖家造成经济效益上的损失，也会影响其他客户对产品的质量和服务的选择。

（二）跨境电子商务客户流失原因

随着跨境电子商务发展，在线客户流失的原因也变得多种多样。通过分析客户流失原因，有利于卖家采取相应策略来降低有价值客户的流失率，真正地提高成本收益比。

影响跨境客户流失的因素主要包括：

a. 企业自身原因，比如产品质量、服务质量、员工流失、市场营销手段不当、产品定位或定价不合理，以及企业缺乏创新等。
b. 客户因素，比如被竞争对手吸引、需求发生变化等客观原因。
c. 客户对产品或服务不满意。
d. 网页技术、网页设计与布局不够吸引客户。
e. 售后服务，如物流配送、售后服务方面，以及退货政策等。

（三）跨境客户流失应对策略

降低客户流失率，不仅可以降低成本，还代表着消费者对品牌的高度认可，是品牌运营的重中之重。想要减少客户流失就需要了解导致客户离开的原因，从客户购买产品开始，提供良好的服务体验，确保他们成为回头客。为了帮助跨境卖家了解和减少客户流失，应对的策略包括以下几种：

1. 精准定位目标客户

卖家在销售之前要做好客户定位，正确的客户会降低产品销售的难度，对产品的忠诚度也较高。因此，卖家应该仔细研究受众群体并建立可靠的用户画像，这可以帮助卖家吸引真正的客户，从而降低客户的流失率。

2. 与消费者保持良好的沟通

卖家遇到买家咨询时应积极回应，同时留意顾客对于产品的疑问，并根据客户的疑问优化该商品详情页。卖家在和消费者沟通过程中尽量避免出现误会或者争执，如果发生歧义，卖家应该耐心沟通，消除买家的误会并增进买家对于产品的了解。

3. 为买家提供高质量的商品

卖家在发货之前要认真检查货物，尽可能避免出现产品描述与产品不符的情况。同时，卖家要注重产品的包装整洁度，为买家提供良好的购物印象，有利于提高买家复购率。

4. 忠诚度奖励计划

忠诚度奖励计划是增加客户生命周期价值的方式之一。卖家除了提供高质量的产品之外，需要提供价格以外的激励措施，以此来吸引客户保持忠诚度并减少客户流失。主要包括：积分、折扣、特别优惠等免费活动，也可以创建一些付费活动，让客户获得更高的奖励。

5. 重视客户反馈

卖家要及时关注消费者评价。以速卖通为例，客户的评价影响卖家产品的质量得分和卖家服务等级，从而影响产品的排名和销量。卖家应该积极主动向客户征求意见及反馈，如产品设计是否有缺陷，客户是否满意等，可以更好地了解他们的需求，并以此改进产品或服务。

6. 预测客户需求

卖家根据客户的风俗习惯、地理概况、气候状况、购买行为等总结其经常购买的产品类别和购买能力，通过与客户的日常沟通了解当前的流行趋势和元素，主动提供定制化产品及精细化的服务，以提升客户的忠诚度。

第4部分　任务训练

跨境电子商务客户服务	
实训地点：校内实训室	建议学时：4
小组成员：	
实训成果： （一）跨境电子商务的"客户服务"和传统外贸模式下的"客户服务"有哪些异同点 （二）假如你是某跨境电子商务平台的售后客服人员，收到客户投诉称未收到商品。针对这种情况，该如何处理	

项目八　客户服务

续表

（三）由于拍摄的角度、管线、曝光速度等因素，甚至电脑手机显示的问题都会影响到照片的呈现效果，因此针对客户提出的照片和实物颜色不相符的抱怨，该如何答复？

评分标准

评价指标	评价内容	分值	学生自评	小组互评	教师评价
职业素养	分工合理，相互协助	15			
	遵守行业规范，严谨认真	10			
	按时按质按量完成任务单	15			
专业能力	任务结果时效性强，数据准确	20			
	能采用信息化手段收集资料	15			
	创新性思维和能力	15			
	自学与发展能力	10			
	合计	100			

指导教师：　　　　　　　　　　　　　日期：

课证融通·在线自测

参考文献

[1] 管静怡，张琳. 国际电子商务与传统国际贸易实务对比分析［J］. 营销界，2021（16）：59-60.

[2] 章雁峰. 跨境数字平台视角下中小企业出口绩效提升路径研究——基于国际化增值能力的中介作用［J］. 未来与发展，2022，46（09）：92-99.

[3] 章雁峰，杨芬. 中国—东盟跨境电子商务发展趋势与对策——基于后疫情时代的研究［J］. 北方经贸，2022（01）：21-24.

[4] 张函. 跨境电子商务基础［M］. 北京：人民邮电出版社，2020.

[5] 马述忠，卢传胜，丁红朝，张夏恒. 跨境理论与实务［M］. 杭州：浙江大学出版社，2020.

[6] 速卖通大学，跨境电子商务客服：阿里巴巴速卖通宝典［M］. 北京：电子工业出版社，2016.

[7] 章雁峰. 数字经济时代跨境电子商务的运营与发展［M］. 北京：中国商务出版社，2022：30-40，51.

[8] 王冰. 跨境电子商务基础［M］. 重庆：重庆大学出版社，2020.

[9] 邓志超，崔慧勇，莫川川. 跨境电子商务基础与实务［M］. 北京：人民邮电出版社，2019.

[10] 邓志新. 跨境电子商务理论、操作与实务［M］. 北京：人民邮电出版社，2019.

[11] 金华珊. 进口忙出口热参展有补贴-杭州跨境电子商务火力全开［N］. 杭州日报，2023-1-31（12）.

[12] 梁绮慧. 我国跨境电子商务企业出口绩效影响因素研究［D］. 浙江：浙江大学，2021.

[13] 刘宪立. 跨境电子商务供应链弹性形成机理及动态仿真研究［D］. 云南：云南财经大学，2021.

[14] 邓志新. 跨境电子商务理论、操作与实务［M］. 北京：人民邮电出版社，2020.